इस दिल पर तेरा ही नाम लिखा लेंगे।
तेरे ही ख्वाब आए यादों में ऐसे बसा लेंगे।।
अगर मिल ना सको तो तस्वीर भेज देना।
हम तेरी तस्वीर से ही काम चला लेंगे।।

कोई दौलत, कोई तख्तोताज के दीवाने हैं।
कोई ताजमहल, कोई मुमताज के दीवाने हैं।।
शरमा कर मत छुपा चेहरे को पर्दे में।
हम चेहरे के नहीं तेरी आवाज के दीवाने हैं।।

तूफान
ए
सागर

जगदीश गोदारा 'सागर'

डायमंड बुक्स

I.S.B.N. : 81-288-1781-7

प्रकाशक	: **डायमंड पॉकेट बुक्स (प्रा.) लि.** X-30, ओखला इण्डस्ट्रियल एरिया, फेज-II नई दिल्ली-110 020
फोन	: 011-41611861
फैक्स	: 011-4161866
ई-मेल	: sales@dpb.in
वेबसाइट	: www.dpb.in
संस्करण	: 2008
प्रिंटर	: आदर्श प्रिंटर्स, नवीन शाहदरा, दिल्ली-32

Tufan-e-Sagar

by: Jagdish Godara 'Sagar'

लेखकीय

तूफान-ए-सागर के जज्बातों को गले लगा लो।
अपने प्यार की गंगा सागर में मिला दो॥
मैं कब तक रहूं प्यासा, मैं क्यों रहूं प्यासा।
मुझे सागर बना दो, सागर बना दो मुझे सागर बना दो॥

मै अपने दिल के जज्बात, 10 वर्षों की अथक मेहनत का प्यार भरा तोहफा "तूफान-ए-सागर" लेकर पाठकों की सेवा में हाजिर हूं। 'तूफान-ए- सागर' जितने ज्यादा पाठकों तक पहुंचेगी उतनी ही मैं अपनी इस पूजा को सार्थक समझूंगा। ये आपके दिल की गहराइयों तक जाकर आपके मन के तारों में ऐसा मिठास भरा सुर पैदा कर दे कि आप वर्षों तक "तूफान-ए-सागर" को भूल न पाएं। इस कड़ी के द्वारा पाठकों का और मेरा अटूट बंधन हो जाए तो मैं इस अटूट बंधन को ही अपनी कड़ी मेहनत का प्रसाद समझूंगा। आप पाठकों का प्यार ही मेरे लिए दुनिया का सबसे बड़ा खजाना होगा। आपके लिखे प्यार भरे खत मुझे नई राह दिखाएंगे। आपके लिखे खत बताएंगे कि मैं अपने जज्बात पाठकों तक पहुंचाने में कहां तक सफल हुआ -हूं। मैं एक बार फिर आऊंगा ये वादा करते हुए हार्दिक शुभकामनाओं सहित।

— सागर
9466854848

दो शब्द मेरे भी

मैं एक संगीत प्रेमी हूं। गांव की गलियों में गाया करता था। तभी मेरे सम्पर्क में जगदीश कुमार आया। वह भी एक संगीत प्रेमी व लेखक है मुझे पता चला कि वह अच्छे गीत व शेर लिखता है। मेरी धीरे-धीरे उससे गहरी दोस्ती हो गई। हर पल उसके ही साथ रहना, उसके शेर सुनना व अपने गीत उसको सुनाना। यह आदान-प्रदान हम दोनों में चलता रहता था। हम दुनिया से बेखबर अपनी ही दुनियां में खोए रहते। मेरी पसंदीदा फिल्म 'साजन' रही। उस फिल्म से प्रभावित होकर मैंने अपने दोस्त का नाम जगदीश से "सागर" में बदल दिया और उसको आगे भी गीत व शेर लिखने के लिए प्रेरित किया। मैंने सागर से कहा कि तुम अपनी किताब का नाम 'तूफान-ए-सागर' रख दो। मैं भगवान से यही दुआ करूंगा कि मेरे दोस्त सागर की यह पुस्तक आसमान की बुलंदियों को छूए और वह एक कामयाब शायर व लेखक बने। उसकी कामयाबी मैं अपनी कामयाबी मानता हूं। कृप्या भगवान इस अच्छे इन्सान को कामयाब करना।

धन्यवाद!

दोस्त मानसिंह

9315480913

वो जिन्दगी में ना आई तो उसे दिल में बसा लिया।
इस तरह रग-रग में समाकर वो मेरी खुदा बन गई।।
मैंने नजरें लड़ाई थी वर्षों पहले जिस हसीना से।
पहले वो आंखों का सपना फिर मन की पूजा बन गई।।

अपनी गलियों से गुजरने का ना दोष दो हमें।
दीवानगी खींच लाती है दिल के हाथों लाचार हैं हम।।
तेरी गलियों के बिना तड़प-तड़प के मर जाएंगे!
तेरी गलियां वो दवा है जिसके बीमार हैं हम।।

मोहब्बत करने वालों के चालान काटे जाएंगे।
वफा करने वालों के नाम छांटे जाएंगे।।
तीन कदम मेरे लिए भी रख छोड़ना।
सुना है आशिकों को श्मशान बांटे जाएंगे।।

क्यों दिल के मरीज को दवा दे रही हो।
मोहब्बत वो भी तुम्हें क्या कह रही हो।
पास आने से ये आग भड़क जाएगी।
क्यों आग को तुम हवा दे रही हो।।

बस इतना ही है मेरी मोहब्बत का फसाना।
मैं रोता हूं हंसता है मुझ पर जमाना।।
दिल के टूटे हुए तार यही कहते हैं
मर जाना पर किसी से दिल ना लगाना।।

तेरी आंखों में मोहब्बत का नशा है ये।
मैंने जो निभाई आज तक वो वफा है ये।।
तपती धूप में भी छत पर खड़े रहना।
अगर प्यार नहीं तो और क्या है ये।

इस पागल दिल को कोई समझाने वाला नहीं।
अंधेरे में शमा कोई जलाने वाला नहीं।।
क्यों दरवाजे पे टकटकी लगाए बैठा है नादान।
इस घर में अब कोई आने वाला नहीं।।

जब से हमें उन पे प्यार आया।
उनकी जवानी में एक नया निखार आया।
वो इस तरह समा गए मेरी बाहों में।
जैसे आज उन्हें मेरी वफा पे ऐतबार आया।।

एक दीवाना प्यार तुझे बेशुमार करता है।
बिछड़ा यार मिल जाए खुदा से पुकार करता है।।
ये सोचकर चढ़ जाना छत पर कभी-कभार
कि एक पगला सड़कों पर खड़ा तेरा इन्तजार करता है।।

ऐ दिल मत हो उनके प्रेम में पागल
तुझे जमाने वाले मजनू कहकर चिढ़ाएंगे।।
अगर पा ना सका उनको जीवन में।
तो बेवफा का नाम देकर तोहमत लगाएंगे।।

लोगों के ठहाकों के साथ मैंने बहाए आंसू।
ना जाने किस-किस को मैंने दिखाए आंसू।।
महफिलों में जब भी उनका जिक्र आया यारों।
तो मेरी इन आंखों में आए आंसू।।

एक हंसी का फव्वारा सा फेंक गई वो।
मेरा दिल अंगारों सा सेंक गई वो।।
उसके दिए सारे ज़ख्मों को भूल गया।
जब एक बार मुड़कर मुझे देख गई वो।।

उजड़ा ये चमन मेरा दोबारा बसाया ना जाएगा।
दिल चीर लूंगा पर जख्म दिखाया ना जाएगा।।
सीना सामने है कत्ल कर डाल ज़ालिम।
मगर अफसोस खंजर तुझसे उठाया ना जाएगा।।

उठने लगा जब मेरे प्यार का जनाजा।
तब हुआ उन्हें मेरी मोहब्बत का अंदाजा।।
जब मेरी कब्र खोद रहे थे दुनिया वाले।
तब रो रही थी वो, करके बंद दरवाजा।।

जिधर से वो निकलीं उनके पीछे-पीछे कारवां चल पड़ा।
जमीं सरकने लगी पीछे-पीछे उनके आसमां चल पड़ा।।
मैं पीछे गया तो लोगों ने मुझे बदनाम कर दिया।
कोई नहीं बोला जब उनके पीछे सारा जहां चल पड़ा।।

दरिया देखे हैं, किनारे देखे हैं।
सैंकड़ों चांद हजारों सितारे देखे हैं।।
जो एक तरफा प्यार में जलते हैं जिन्दगी भर।
मैंने ऐसे-ऐसे आशिक बेचारे देखे हैं।।

धुआं-धुआं सा हो रहा था वो।
हर घड़ी, हर पल, रो रहा था वो।।
चलो अच्छा हुआ जो जल गया।
मुद्दत से सीने पर आग ढो रहा था वो।।

अब भी तेरे हुस्न का असर बाकी है।
दिल टकराकर टूट जाएगा तेरे सीने में पत्थर बाकी है।।
सितमगर फिर तुझे मौका ना मिले शायद।
जी भरकर बर्बाद कर ले जो थोड़ी कसर बाकी है।।

पतझड़ को बाग मिल ही जाता है, वीरान करने के लिए।
पागल परवाना आ ही जाता है, शमां पर मरने के लिए।।
ए मेरे टूटे हुए दिल आंसू ना बहा।
शीशा और दिल बने ही हैं बिखरने के लिए।।

जिनकी गलियों में रहा करते थे हम रात-दिन।
आज वो हमारी गलियों की खाक छानने आए हैं।।
मेरे बगैर तड़प-तड़प कर जान दे दी होगी उसने।
शायद वो यही जानने आए हैं।।

तुम्हें पास आने की फुर्सत मिली ना कभी।
बस दूर से ही तुम्हें देखती रही मेरी नजर।।
अपने दिल की बात ना कह सका तुमसे।
बस यूं ही रोता रहा मैं उम्र भर।।

किस-किस के जख्म सिएं हर कोई चोट खाए हुए हैं।
कोई आंसुओं से कोई शराब से दिल बहलाए हुए हैं।।
जिसके पास भी गए उसने यही कहा प्यार मत करना।
क्योंकि हम भी हसीनों के सताए हुए हैं।।

एक दिन तू भी रोएगा मुझे रुलाने वाले।
तेरे सीने में भी आग लगेगी जलाने वाले।।
वो वक्त जल्दी ही आने वाला है।
जब तू भी तड़पेगा मुझे सताने वाले।।

बीच राह में साथ छोड़ना हमें आता नहीं।
दिल को समझकर शीशा, तोड़ना हमें आता नहीं।।
पहले बार-बार कसमें खाकर वादे करना।
फिर वादों से मुख मोड़ना हमें आता नहीं।।

जिन्दगी को समझकर तेरी अमानत जी लेंगे।
आंसुओं को समझकर तेरी इनायत पी लेंगे।।
अगर नाम लेने से भी बदनाम होती हो।
तो तेरी कसम कभी तेरा नाम भी नहीं लेंगे।।

वो दिल को समझकर दीया, जलाकर चले गए।
जो संजोए थे ख्वाब हमने, मिटाकर चले गए।।
हमने अरमानों के ताजमहल खड़े किए उनके लिए।
वो तोड़कर ताजमहल उन्हें खण्डहर बनाकर चले गए।।

मोहब्बत की रस्मों को इस तरह निभा देना।
मेरे जनाजे के साथ अपनी डोली सजा लेना।।
अपने दिल में किसी और को बिठाकर।
मेरा प्यार उसकी मोहब्बत से दफना देना।।

एक पत्थर ने दिल के टुकड़े कर डाले हजार।
ये कैसी चाहत जो दिल हुआ उसी का बीमार।।
जब दिल के टुकड़े इकट्ठे करने चला मैं।
तो मिले वहीं जहां था उसके घर का द्वार।।

अपनी जवानी पर यूं इठलाया ना करो।
हर किसी को दिल थमाया ना करो।।
चौहदवीं के चांद की कीमत घट जाएगी।
रोज-रोज नजर तुम आया ना करो।।

वो हसीं तो बहुत है पर ऐसे हसीनों का क्या करें।
जो किसी एक के होकर वफा ना कर सके।।
हमने दिल के दरवाजे तक खोल दिए उनके लिए।
वो अपने घर के दरवाजे तक ना खोल सके।।

ये सितम ढाने के जमाने बदल जाएंगे।
उम्र के साथ नखरे नाज भी ढल जाएंगे।।
फायदा उठा लो कल तुम्हें कोई नहीं पूछेगा।
आज तो तुम्हारे खोटे सिक्के भी चल जाएंगे।।

मेरे मरने के बाद वो दवा लाए हैं।
मुझे जिन्दगी भर रुलाकर रोने आए हैं।
अब ना दवा असर करेगी ना ही चीखें सुनाई देंगी
यारों उनसे कहो वो क्यों कफन भिगोने आए हैं।।

बस आठों पहर तेरा ही इन्तजार है इसको।
तुम आओगी जरूर पूरा ऐतबार है इसको।।
पागल दिल को कौन समझाए आखिर।
क्यों एक पत्थर से प्यार है इसको।।

जो हंसकर पी जाए जहर उन्हें मौत का डर नहीं होता।
स्वार्थ से किया गया प्यार कभी अमर नहीं होता।।
दिलवाले तो महबूब के दिलों में रहा करते हैं।
दिलवालों का अपना कोई घर नहीं होता।।

जिन्दगी बड़े मजे में बीत रही थी यारों।
वो बनके चिंगारी आग लगाने आ गए।।
हमने तो उनकी गलियों में जाना छोड़ दिया।
वो हमारी गलियों में भी हमको सताने आ गए।।

मेरे दिल को करके वो वीरान चले गए।
मेरा प्यार ना देखा बनके अन्जान चले गए।।
उन्होंने सोचा कुछ देना चाहिए जुदा होते वक्त।
इसीलिए वो करके हमें सलाम चले गए।।

तुम बदल गए या तुम्हारी चाह बदल गई।
मंजिलें बदल गईं या राह बदल गईं।।
हमेशा मुझे अपनी आंखों के सामने रखनेवाली।
आज क्यों फिर तुम्हारी निगाह बदल गई।।

दूर से नजरें मिलाकर मुस्कराना छोड़ दो।
जुल्फें सीने पर गिराकर बिखराना छोड़ दो।
दिल की दिल में रखना अच्छी बात नहीं।
साफ कहो बात दिल की पहेलियां बुझाना छोड़ दो।।

दिलवालों को पत्थरों से लड़ना पड़ता है।
फूलों की बजाए कांटों पर चलना पड़ता है।।
जीते जी जन्नत पा सका ना कोई भी।
जन्नत के लिए तो मरना पड़ता है।।

उन्हें मेरी मोहब्बत में जरा भी दम नजर ना आया।
छोटे से फूल को रौंद डाला, इतना बड़ा चमन नजर ना आया।।
मेरा प्यार, मेरी वफा, मेरी लाश को नोंच-नोंचकर खाते रहे चील कौवे
मेरा नंगा बदन ढकने के लिए उन्हें कफन नजर ना आया।।

कलियों में खिलने वाला गुलाब हो तुम।
मयखाने में पिलाई जानेवाली शराब हो तुम।।
क्या परियों की शहजादी क्या बहारों की मल्लिका।
तुम्हारा कोई जवाब नहीं, लाजवाब हो तुम।।

मोहब्बत के दुश्मन दुनियावाले, मोहब्बत करने नहीं देते।
साथ जीने क्या देंगे, जब साथ में मरने नहीं देते।।
मैं लाख छुपकर जाऊं फिर भी देख लेते हैं।
मुझे तो लोग तेरी गलियों से भी गुजरने नहीं देते।।

तुम्हें यूं ही चाहते रहेंगे सौ साल तक।
तेरे दिल में समा जाएंगे बनकर ख्याल तक।।
हमसे चाहे कितनी ही दूरियां बढ़ा लो।
हम तेरा पीछा नहीं छोड़ेंगे पाताल तक।।

हमने जैसे ही मोहब्बत का इतिहास बंद किया।
तो वो मोहब्बत का पाठ पढ़ने लगे हैं।।
जब से उनकी गलियों में जाना बंद कर दिया हमने।
तो वो हमें देखने के लिए छतों पर चढ़ने लगे हैं।।

अपनी आंखों से मेरा कत्ल बार-बार कराए रखना।
मेरी लाश को कंधे पर तुम उठाए रखना।।
तेरी खातिर एक बार फिर आऊंगा दुनियां में।
मेरे लिए एक और जनाजा तुम मंगाए रखना।।

देखकर तेरा हुस्न दीवाने से हो लिए।
भूलकर अपना घर तेरी गलियों में खो लिए।।
गैरों की बाहों में मचलते देख तुम्हें।
कुछ जोर ना चला तो छुपकर रो लिए।।

तुम से बढ़कर कोई ना होगा जमाने में।
तुम्हें देखकर बहार छा जाए वीराने में।।
तेरी खातिर कितने जख्म लगे कोई क्या जाने।
लोग कहते हैं कि हम मिल गए अन्जाने में।।

तुम्हें चैन मिलता होगा मुझे बर्बाद करके।
दम मारोगी दुनियां से मुझे आजाद करके।।
लेकिन जब भी ठोकर लगी तेरे दिल को कभी।
तब रोओगी तुम इस दीवाने को तुम याद करके।।

होश उड़ा दिए तेरी पायल की झंकार ने।
जिसे अपना समझा लूटा मुझे उसी यार ने।।
अब धोबी के कुत्ते और हममें कोई फर्क नहीं।
कहीं का नहीं छोड़ा हमको प्यार ने।।

हुस्नवाले मोहब्बत में इस तरह अपना नाम करते हैं।
पहले नजरों से थोड़ा-थोड़ा सलाम करते हैं।।
इन बेवफाओं के इरादों से बचकर रहना।
ये मोहब्बत नहीं कत्ल का काम करते हैं।।

जितने भी आंसू बहाऊंगा तेरे प्यार में।
आंसुओं का हर कतरा समुद्र हो जाएगा।।
मरते-मरते भी कुछ कर जाऊंगा ऐसा।
कि मरकर भी मेरा प्यार अमर हो जाएगा।।

ये तेरे होंठ गुलाब की तरह खिले हुए हैं।
तुम्हें देखकर लगता है पहले भी कभी मिले हुए हैं।।
तुम्हें पाने के लिए फिर से कांटों पर चल लूंगा।
क्या हुआ जो मेरे पैर जख्मों से छिले हुए हैं।।

हमने पूछा उनसे हमें मारकर वो।
हमारी कब्र पर क्या लेने आए हैं।।
तो वो हंसकर बोले हाथ बढ़ाकर ले लो।
अपनी शादी का कार्ड देने आए हैं।।

खुशबू देकर फूलों को उजड़ा चमन महकाएंगे।
तेरा प्यार दूसरे की मोहब्बत से दफनाएंगे।।
हमेशा के लिए अलविदा कहकर तुझे।
किसी दूसरे के संग नई दुनियां बसाएंगे।।

कहीं दिल ही नहीं लगता तेरे सिवा।
तेरी ये गलियां छोड़कर अब कहां जाएं।।
दुनियां के साथ तुम भी रूठ गए।
इस बिगड़ी तकदीर को अब कहां बनाएं।।

तुम्हें यूं ही चाहते रहेंगे उम्र भर।
ये प्यार कम ना होगा मरकर।।
दिल की तमन्ना है तुम्हीं नजर आओ।
जब-जब भी उठे ये मेरी नजर।।

जब चैन से सो जाती हो तुम रातों को।
मैं तब भी तेरा ही ख्याल करता रहता हूं।।
मेरी तरह क्या तुम भी तड़पती हो मेरे लिए।
मैं चांद-सितारों से यही सवाल करता रहता हूं।।

वो शामिल ना हुए मेरे जनाजे में।
जानते हुए भी कि ये आखिरी सफर था।।
उन्हें देखकर फिर से जिन्दा ना हो जाऊं।
शायद उन्हें इसी बात का डर था।।

हम हंसते-हंसते बर्बाद हो गए तेरे लिए।
तुझे चिराग देकर तेरी जिन्दगी के अंधेरे लिए।।
वफा और मोहब्बत की सारी सीमाएं लांघ दी मैंने।
तुम कहती हो कि क्या किया है मेरे लिए।।

खुदा ने बनाया तुम्हें शराब मिलाकर।
होंठों को रंगत दी गुलाब मिलाकर।।
तेरे लिए दीवाने बनाएंगे ताजमहल।
खुदा ने भेजा है तुम्हें मुमताज बनाकर।।

दीवाने जुल्मों-सितम के शिकार बनते हैं।
प्यार करने का गुनाह करके गुनाहगार बनते हैं।।
मोहब्बत की मंजिल तक कैसे पहुंचे कोई।
जब दुनिया वाले नफरत की दीवार बनते हैं।।

जो दामन को दागदार कर जाए।
धरती की वो धूल हूं मैं।।
दिल में कोई कैसे बसाए मुझको।
सीने में चुभनेवाला शूल हूं मैं।।

बड़े सितम ढाते हैं ये दिल लुभाने वाले।
रास्ते में छोड़ देते हैं ये मंजिल दिखाने वाले।।
इनके मक्खन जैसे बदन पर न जाना यारों।
बड़े पत्थर दिल होते हैं ये मोम कहलाने वाले।।

भूल गए सब कुछ तेरे गालों में डूबकर।
होश खो बैठे तेरी आंखों के प्यालों में डूबकर।।
कभी तुम्हें अंगारा कहा कभी फूल बनाया।
ना जाने क्या-क्या लिखा तेरे ख्यालों में डूबकर।।

तुम्हें पाने के लिए हर इम्तिहान से गुजर जाएंगे।
तुम्हीं हो मेरा सब कुछ तुम्हें खोकर उजड़ जाएंगे।।
बिछड़ने का फिर कभी ऐसा भद्दा मजाक मत करना।
तुमसे जुदा होने के ख्याल से ही मर जाएंगे।।

रस टपकता है तेरे गोरे गालों से।
घटा बरसती है तेरे काले बालों से।।
अब जाकर चैन मिला है मेरे दिल को।
तेरा इन्तजार था मुझे कई सालों से।।

ए मेरे कातिल मेरी लाश का दीदार कर लो।
मुझसे ना सही मेरे जनाजे से तो प्यार कर लो।।
आज के बाद तेरी गलियों से ना गुजरेंगे दोबारा।
ये तेरी गली का आखिरी चक्कर है ऐतबार कर लो।।

दीवानों के मुकद्दर में तन्हाई आती है।
वफा के बदले में बेवफाई आती है।।
आखिर कब तक रहें साथ-साथ दीवाने।
दीवानों के हिस्से में तो जुदाई आती है।।

वो फूल चुनकर छोड़ गए कांटे दामन में।
हमको तन्हा कर गए हमारे ही आंगन में।।
उनको जाने की कुछ ज्यादा ही जल्दी थी।
इसीलिए वो मोहब्बत निभाकर चले गए आनन-फानन में।।

इस तरह से क्यों तेरा दिल मचल गया।
तू बदल गई या तेरा स्वभाव बदल गया।।
बता मेरा प्यार तुझे आज ही नजर आया है।
या तेरे सीने से पत्थर का टुकड़ा निकल गया।।

आंखों के तीरों को जिगर के पार कर दो।
बना के प्रेमरोगी मुझे बीमार कर दो।।
तड़प रहे हैं मीठा-मीठा दर्द लेने के लिए।
देकर दर्द इतना सा एहसान मेरे यार कर दो।।

ख्वाब टूटे या फिर सच हो चाहे।
तुझे पाने के ख्वाब सजाते रहते हैं।।
तुम बेशक घर से निकलो या ना निकलो।
हम तेरी गलियों में चक्कर लगाते रहते हैं।।

हर पल यही सोचूं क्यों नहीं मिल पाई वो।
मेरी वफा में कमी थी, या थी हरजाई वो।।
जब किसी के घर महकना ही था उसे।
तो मेरे आंगन में क्यों ना खिल पाई वो।।

तुम्हें क्या मालूम कब से हम बांहें उठाए बैठे हैं।
तुम अब आए हो हम कयामत से निगाहें बिछाए बैठे हैं।।
मेरे किन-किन जख्मों पर मरहम लगाओगे तुम अब।
हम दिल में तेरे नाम के जख्म ही जख्म लगाए बैठे हैं।।

दिल तुम्हारा पर दिल में याद हमारी होगी।
होंठ तुम्हारे पर होंठों पर फरियाद हमारी होगी।।
मैं तुमसे चुरा लूंगा इस तरह तुम्हें।
आज के बाद तू होगी तो सिर्फ तुम ही हमारी होगी।।

ख्वाबों में भी वही नजर आती है।
यादों में भी वही नजर आती है।।
सिर्फ वही दिखाई देती है मुझे।
जहां-जहां भी मेरी नजर जाती है।।

जला है दिल में दीया इसे बुझने ना देना।
खिला है जो फूल इसे लुटने ना देना।।
तुम्हारे ही कारण चलती हैं सांसें मेरी।
इन सांसों को कभी रुकने ना देना।।

आंखों से प्यार की धार बरसने दो।
मेरे दिल को थोड़ा और तड़पने दो।।
यूं महफिल खत्म करके ना जाओ।
इस महफिल को थोड़ा और रसने दो।।

टूटे दिल को दोबारा सी ना सके हम।
तुम्हें देख छलकते आंसू पी ना सके हम।।
गमों में डूबकर जीना सीख लिया था हमने।
पर तुम्हें तड़पते देख जी ना सके हम।।

ख्वाब चाहे लाखों देखो हर ख्वाब साकार नहीं होता।
दो पल पास रहकर चले जाएं वो प्यार नहीं होता।।
बार-बार जमीं पर क्यों निशान बनाते हो दिल का।
प्रेम तो एक एहसास है इसका आकार नहीं होता।।

जिन्दगी से मुंह मोड़ चला मैं।
नंगे पांव कांटों पर दौड़ चला मैं।।
सुना है मोहब्बत जान ले लेती है।
करके मोहब्बत मौत से नाता जोड़ चला मैं।।

मेरी मोहब्बत मुझे जान से भी प्यारी. है।
दिल के आईने में तेरी तस्वीर उतारी है।।
हर शै में दिल लगाकर देखा पर बहला नहीं।
अब जिन्दगी मैंने मोहब्बत के नाम पर वारी है।।

ओ मिसरी की डली मीठे-मीठे बोल तो बोल जरा।
ओ चांद से मुखड़े वाली घुंघटा तो खोल जरा।।
मेरी वीरान जिन्दगी में भी बहार आ जाए।
इसमें अपने प्यार की खुशबू का रस तो घोल जरा।।

तुझे देख मुझे मंजर बड़ा अजीब लगता है।
तू ही मेरा खुदा तू ही नसीब लगता है।।
मोहब्बत ले आई मुझे किस मुकाम पर।
सारी दुनिया दूर बस तू ही करीब लगता है।।

तन्हाई का भी अपना मजा होता है।
रुसवाई का भी अपना मजा होता है।।
अगर मजा होता है मिलन में तो।
जुदाई का भी अपना मजा होता है।।

तू अपने घर चली गई मैं गलियों में ही खड़ा रहा।
एक दिन पा ही लूंगा सारी जिन्दगी जिद पर अड़ा रहा।।
तू आती-जाती ठोकर लगाती रही दिल को।
समझा तुमने मुझे पत्थर तभी तो तेरे कदमों में पड़ा रहा।।

इस तरह दिल जल गया अंगारा बनकर।
लोगों की नजरों में रह गया बेचारा बनकर।।
अकेले जिन्दगी गुजर ना सकी मेरी।
और तुम आए नहीं सहारा बनकर।।

जिन्दगी भर ना उतरे ऐसा नशा हो तुम।
तमाम उम्र की मेरी वफा हो तुम।।
मैंने तुझे सजदे किए तेरी बन्दगी की।
मेरे हाथों की लकीर, मेरा खुदा हो तुम।।

मैंने तो आंसुओं की चन्द बूंदें ही बहाई हैं।
लोग तो मोहब्बत में खून की नदियां बहा देते हैं।।
मैंने तो तेरी बेवफाई का शिकवा ही किया है।
लोग तो बात-बात पर खंजर उठा लेते हैं।।

खामोशी से मोहब्बत की आग में जलना।
किसी के प्यार में मोम की तरह पिघलना।।
अगर हिम्मत हो तुम्हारी सिर कटवाने की।
तो इन मोहब्बत भरी राहों पर चलना।।

प्यार किया नहीं हमने दुनियां से डर-डर के।
तेरे लिए आए हम सैंकड़ों बार मर-मर के।।
अपनी उम्मीदों पर पानी ना फिरने दिया।
आखिर तुम्हें पा ही लिया वफा कर-कर के।।

जाने क्यों बार-बार तेरी गलियों में दिल जाए।
फिर कोई तमन्ना ना रखें, अगर तू मिल जाए।।
तेरे लिए मिटा देंगे खुद को खुशी से हम।
चाहे तेरे प्यार के लिए जान निकल जाए।।

ये करते हैं श्रृंगार जाल बिछाने के लिए।
दीवाने बिछ जाते हैं इनको पाने के लिए।।
दिल से खेलते हैं ये समझकर दिल को खिलौना।
फिर छोड़ देते हैं ठोकर खाने के लिए।।

मैं उलझकर रह गया तेरे गेसूओं के जाल में।
तुम नागिन लग रही हो काले शाल में।।
दिल जाए या फिर जान भी चली जाए।
हम तुमको पाकर रहेंगे हर हाल में।।

टूटे हुए दिल का बोझ उठाए हुए हैं।
एक बेवफा को यादों में बसाए हुए हैं।।
तुम्हें धुएं से भी खांसी होने लगी है।
हम मुद्दत से आग सीने में छुपाए हुए हैं।।

दिल मोहब्बत में लगा है अभी नया-नया।
प्यार का शौक जगा है अभी नया-नया।।
इस रोग का दर्द हसीन तो लगेगा ही।
ये रोग लगा है अभी नया-नया।।

हमें मौका ही नहीं दिया तुमने।
खुदा के दर पर जाकर फरियाद करने का।।
गैरों की डोली में चढ़कर तुमने।
इरादा बना लिया हमें बर्बाद करने का।।

तेरी इन आंखों में है जाम मेरा।
तेरे इन होंठों पर है नाम मेरा।।
तुम जब देखती हो मदभरी आंखों से।
तो सोचता हूं जाने क्या होगा अंजाम मेरा।।

यहां हर दिल में उजड़ा प्यार रहता है।
हुस्नवालों का कहर दिल पे सवार रहता है।।
इस शहर में आए हो तो संभल कर रहना।
यहां हर गली में एक-एक गुनाहगार रहता है।।

लाखों की भीड़ में भी तुम्हें पहचानता है कोई।
तुम्हें दिन-रात दुआओं में खुदा से मांगता है कोई।।
तुम खुद भी अपने आप से वाकिफ ना होगी इतनी।
तुम्हें तुम से भी ज्यादा जानता है कोई।।

फूल ना होगा कोई गुलाब जैसा।
ताजमहल ना होगा कोई मुमताज जैसा।।
यूं तो एक से बढ़कर एक है दुनिया में।
फिर भी हंसी ना होगा कोई मेरे जनाब जैसा।।

देखें कब तक तू मेरी वफा को बदनाम करेगी।
कब तक दिल का कत्ल खुलेआम करेगी।।
जितनी दूर जाओगी उतनी ही आग भड़केगी।
ये तेरी बेरुखी घी का काम करेगी।।

मुझे चाहती हो तो दूसरे का नाम ना लो।
मेरे घर आ जाओ किराए का मकान ना लो।।
बिना सोचे-समझे की दोस्ती टूट जाती है।
धीरे-धीरे पास आओ, बेसब्री से काम ना लो।।

मेरी जिन्दगी में ऐसी काली रातें आईं।
जिनका कभी भी सवेरा ना हो सका।।
नींद टूटते ही ख्वाबों की लड़ियां टूट गईं।
उनमें एक भी ख्वाब मेरा ना हो सका।।

पगला दिल करता है मोहब्बत उसी से।
जो देखता है इसे हमेशा बेरुखी से।।
उन्हें क्या मालूम ये उन्हें चाहता है कितना।
अगर वो जान मांग लें तो भी ये दे दे खुशी से।।

सागर किनारे रहने वाले लहरों से नहीं डरते।
रातों को जागने वाले अंधेरों से नहीं डरते।।
दीवाने रस्मों की दीवार तोड़कर आ जाते हैं।
वो लाज-शर्म के पहरों से नहीं डरते।।

अगर आओगे दिल में तो कलियां बिछा देंगे।
जो भी टकराया उसे मिट्टी में मिला देंगे।।
दुनिया भर की खुशियां खरीदेंगे तेरे लिए।
इस धरती को ही जन्नत बना देंगे।।

इश्क के चक्कर में मारे गए बेकार में।
तोड़ने को मेरा ही दिल मिला उसे संसार में।।
वो जमाना और था जब दीवाने चढ़ जाते थे सूली।
आज वफा नाम की चीज ना रही इस बाजार में।।

तेरे हर सितम पर हमें प्यार आएगा।
एक तेरा ही नाम जुबां पर बार-बार आएगा।।
जितनी बार भी तुम धकेलोगे कब्र में।
मरने को तेरा दीवाना उतनी ही बार आएगा।।

डूब गए हम रात की तन्हाइयों में।
दर्द ही मिला गए जब प्यार की गहराइयों में।।
कभी उनकी तस्वीर सीने से लगाकर जलते रहे।
तो कभी जलते रहे उनकी रुसवाइयों में।।

देख के तेरे माथे की बिंदिया।
लगा जैसे चांद चमका हो गगन में।।
मेरी तरफ देखकर तुम मुस्कराए कुछ ऐसे।
फूल खिल गए सूने दिल के चमन में।।

बड़े दिनों के बाद ये चेहरा देखा है।
जागती आंखों से ख्वाब एक सुनहरा देखा है।।
अब तक अंधेरों ने ही पाला था मुझे।
आज जिन्दगी में पहली बार सवेरा देखा है।।

दिल है उनकी नजरों के वार के सामने।
उन्हें हार माननी ही पड़ेगी मेरे प्यार के सामने।।
जो कत्ल करता रहा मुझे हर पल।
हम फिर आए हैं उसी गुनाहगार के सामने।।

तेरी चुनरी के चमकते ये सितारे।
लगते हैं बड़े ही प्यारे-प्यारे।।
चुनरी में छुपी हो जैसे कोई कुदरत।
और ये सितारे हों जैसे कुदरत के नजारे।।

दीवाने जुल्मों सितम के शिकार बनते हैं।
मोहब्बत का गुनाह करके गुनाहगार बनते हैं।।
प्यार की मंजिल तक कैसे पहुंचे कोई।
जब दुनिया वाले नफरत की दीवार बनते हैं।।

मुझे दीवाना कहते हैं, ये दीवाने लोग।
क्या समझें दीवाने को, ये अन्जाने लोग।।
दौलत इनका ईमान दौलत ही इनका रब।
ढूंढ़ नहीं सकते प्यार के ये खजाने लोग।।

ओ लिखने वाले क्यों तुमने मेरे मुकद्दर में।
कदम-कदम पर ठोकरें और दर्द हजार लिख दिए।।
क्या अकेला जिन्दगी नहीं गुजार सकता था मैं।
जो दिल से खेलकर जाने वाले बेवफा यार लिख दिए।।

एक दिन तू ही हार मानेगी प्यार के सफर में।
मैं एक दिन चमकूंगा चांद बनके तेरी नजर में।
तुझे नफरत है मुझसे, मुझे मोहब्बत है तुझसे।
यकीन है जीत जाऊंगा मैं इस कांटे की टक्कर में।।

प्यार के लफड़े में ना पड़ना यारों।
बिना वजह इस झगड़े में ना पड़ना यारों।।
ये मोहब्बत रख देगी दीवाला निकाल के।
मुफ्त में इस पचड़े में ना पड़ना यारों।।

मेरे मन में उमड़ा है तुफान तेरे प्यार के लिए।
मैंने कर दिया दिल तेरे नाम तेरे प्यार के लिए।।
बस तू ही नजर आए मुझे धरती से अम्बर तक।
मैं रहता हूं बेचैन सुबह-शाम तेरे प्यार के लिए।।

ये पागल दिल कितना नादान होता है।
जो हर किसी पर मेहरबान होता है।।
ये एक परदेशी पर भी आ जाता है।
जो सिर्फ चार दिन का मेहमान होता है।।

कल तक जो मेरा था आज हुआ वो पराया है।
कुछ उनका दोष कुछ उन्हें दुनिया ने बहकाया है।।
धरी की धरी रह गई कसमें प्यार की।
कुछ उनकी बेवफाई कुछ मेरे मुकद्दर ने पलटा खाया है।।

मेरी जिन्दगी में क्यों आए तुम मोहब्बत की आग लगाने को।
आए तो फिर छोड़ क्यों दिया अपने दीवाने को।।
मेरे होंठों के गीत कभी गुनगुनाती थी बड़े प्यार से।
आज दर्द के साज में डूब क्यों गई मेरे फंसाने को।।

तेरे जाने के बाद चेहरा नहीं देखा आईने में।
जानते हैं कयामत हो गई चेहरा बिगड़े हुए।।
मेरे इस सुने मकान को कौन संवारेगा।
अब तो कयामत हो गई दिल को उजड़े हुए।।

जब से उन पे मेरी नजरे पड़ीं वो निखरे-निखरे से लगने लगे।
उन्हें भी शायद प्यार हुआ तभी तो वो सजने लगे।।
मेरे ख्यालों में ही गुजरती होगी रातें उनकी।
ये सोच-सोच कर हम सारी रातें जगने लगे।।

•••

आज हमने तकिए का मुकद्दर ही बदल डाला।
तेरे ख्याल में हमने तकिए को ही मसल डाला।।

कुछ प्यार भरे खत और एक तस्वीर है तेरी।
बर्बाद मोहब्बत में बची इतनी सी जागीर है मेरी।।

ना रातों को ना दिन को, ना सुबह को ना शाम को।
जबसे हुई मोहब्बत अपने अंगने में नहीं देखा मैंने आराम को।।

अपनों की दुनियां में ही हो गए हम इस तरह बेगाने।
कुछ रूठ गए कुछ छूट गए कुछ मनाने से भी ना माने।।

जिसने हमसे की नफरत हमने मोहब्बत उसी से कर ली।
बेरुखी की शूली चढ़के खुदखुशी, खुशी से कर ली।।

चुपके-चुपके हर सितम सह जा इन सितमगरों का।
तू भी दिल पर पत्थर रख ले, ये शहर है पत्थरों का।।

तेरी. मोहब्बत में मिले बेशक मौत, मरके भी जी जाएंगे।
भेज देना अपने हाथों से जहर हम हंसके पी जाएंगे।।

मेरी मोहब्बत का जो कर लेते तुम एतबार थोड़ा सा।
तो मेरे दिल को भी मिल जाता करार थोड़ा सा।।

जब तक सांसें चलेंगी तेरी यादों के सहारे जिन्दगी काट लूंगा।
तुम अगर खुशियां ना दोगे तो तुम्हारे गमों को ही बांट लूंगा।।

जिनकी गलियों में फिरते थे हम सुबह-शाम।
सुना है आजकल वहां खाक उड़ रही है।।

कभी-कभी वो हमें छुपकर देखते हैं इस तरह चौबारे से।
लब खामोश पर आंखों से लगता है बुला रहे हैं इशारे से।।

तेरी मोहब्बत में दिल हो गया इस तरह पागल।
अपनी आंखों में समेटे रहता हूं सावन का बादल।।

वो दिल का दर्द देख ना सके।
रस्मों की चादर मन से फेंक ना सके।।

प्यार के इस खेल में दिल जख्मी होता है।
मगर दिल का दर्द बड़ा हसीन होता है।।

वो देखकर हमें अपना चेहरा छुपा लेते हैं।
हम देखकर उनका दीवानापन मुस्करा देते हैं।।

हमने अपने गम लोगो की महफिलों में जाकर बांटे हैं।
फूलों से कैसा शिकवा, जब किस्मत में ही कांटे हैं।।

ये बरसात और बरसात में भीगी तेरी जवानी।
पास मत आओ वरना हो जाएगी नादानी।।

जी चाहे जहां देख लेना नजर आएंगे।
तुमने तो छोड़ दिया हम तुम्हें छोड़कर कहां जाएंगे।।

तुम्हें याद करके जब-जब आँखें मेरी उदास होती।
कुछ तो करार मिलता जो तस्वीर तेरी पास होती।।

वो तलवारों से नहीं नजरों से कत्ल करते हैं।
जान लेकर दीवाने के प्यार पर अम्ल करते हैं।।

एक और इम्तिहान अभी देना बाकी है।
दिल दिया है जान अभी देना बाकी है।।

इस शहर के लोग दिल कदमों से कुचलते हैं।
सब के सब रख लेते हैं जितने भी मिलते हैं।।

बेवफाई ही मिली हमें वफा के बदले में।
बददुआएं ही मिली हमें दुआ के बदले में।।

जालिम दुनिया ने ठुकराया मुझे हर मोड़ पर।
जिसे भी अपना समझा चला गया वो छोड़कर।।

इस तन्हाई में भी तेरी यादों की महफिल सजी है।
जल शमा रही है और आग मेरे दिल में लगी है।।

तुमसे बिछड़ने का ये रोग उम्र भर सताएगा।
कांटों ने जख्म दिए इतने कि फूलों से भी दिल घबराएगा।।

उन पर कुर्बान कर दिया मैंने अपना सब कुछ लुटाकर।
और वो चले गए एक दिन मुझे अंगूठा दिखाकर।।

तुम चुभ रही हो मेरे सीने में कील बनकर।
वादे निभाती नहीं बस तारीखें देती हो वकील बनकर।।

मैं रांझा बना तुम आई दुनिया में हीर बनके।
दुनियां हमें रोक ना सकी रस्मों की जंजीर बनके।।

जो रोज-रोज कत्ल करती है नज़रों से।
मैं प्यार पाना चाहता हूं उसी पत्थर से।।

तुम्हें पाने की वो आस भी मिट गई।
अब क्या पिलाओगे पानी प्यास भी मिट गई।।

हुस्न वाले दिलों पर खंजर चलाते हैं।
भरे बाजार में ये मंजर दिखाते हैं।।

पूछो इसको कि तुम्हें क्या है हुआ।
क्यों खिड़की-दरवाजे तोड़ती है ये दीवानी हवा।।

अब ना सही तुम्हें पा लेंगे अगले जन्म में।
ये सोचकर तेरा प्यार ले चले समेटकर कफन में।।

तुम से शिकायत नहीं शिकवा है अपनी तकदीर से।
किस्मत जो देती साथ तो मिल ना जाता अपनी हीर से।।

मेरी गलियों से गुजरा ना करो लोग उंगलियां उठाते हैं।
तुम्हें देख तुम्हारी जान से प्यारी महबूबा पर इल्जाम लगाते हैं।।

ना जाने क्यों आंखें मेरी बरस पड़ती हैं तुझे याद करके।
बता जालिम तुझे क्या मिला मुझे बर्बाद करके।।

प्यार भी मिलेगा सीने में दिल हो अगर।
रास्ता भी मिलेगा तेरी कोई मंजिल हो अगर।।

दुनिया में हर किसी को इश्क कहां मिलता है।
बर्बाद होकर आबाद होने का रिस्क कहां मिलता है।।

कमल है तो कीचड़ में भी खिल जाएगा।
प्यार सच्चा है तो मरके भी मिल जाएगा।।

जाने क्यों चाहकर भी तुम्हें भुला ना सके हम।
हमेशा करीब रहकर भी दूरियां मिटा ना सके हम।।

उन्हें देखकर झनझना कर बजते हैं दिल के तार-तार।
वो हमें मुस्कराता देख हो जाते हैं होशियार।।

मरने का दुःख ना हो जो मेरी जान तेरे काम आए।
मिट जाऊंगा खुशी से जो तेरा कोई पैगाम आए।।

इस जहां की नहीं तुम हो कोई परियों की शहजादी।
तेरी आँखों से पीकर बन गया मैं शराबी।।

तेरी गलियों को ही अपना घर बना लेंगे।
तेरा मिलेगा गम तो भी गले से लगा लेंगे।।

पहले मोहब्बत करते हैं फिर चले जाते हैं तड़पता छोड़कर।
पहले सीने से लगते हैं फिर चले जाते हैं दिल तोड़कर।।

वो फिर भी ना मिले हम उनके लिए पागल हो गए।
अब क्या फायदा अब तो जल जल कर काजल हो गए।।

दिल जलानेवाली नहीं दिल लुभानेवाली दिलजली चाहिए।
जिसे फूलों के साथ सजाकर रख सकूं ऐसी कली चाहिए।।

मेरा चांद लोगों के अंगना उतरे कभी ना आए मेरे घर में।
मैं देख-देख उनकी ये बेरुखी अब चला हूं मरने।।

उछालों मत ये दिल नहीं शीशा है टूट जाएगा।
अगर टूट गया तो दिल में रहनेवाला रूठ जाएगा।।

ये सलोना और सादा सा रूप तेरा।
जुल्फें तेरी छांव और जिस्म है धूप तेरा।।

कितने आंसू बहाए हमने एक पत्थर के लिए।
पिघला नहीं देर तक देखा आंसुओं के असर के लिए।।

वो लेकर बहारें हमारी जिन्दगी से चली गई।
मोहब्बत क्या की हमारी तो जिन्दगी ही चली गई।।

वो कहते हैं कि हम उनके सपने ना संजोएं।
दिल से निकाल दें उनकी यादों में ना खोएं।।

हम आंखों के जरिए उनके दिल में समाना चाहते हैं।
वो दिल से भी निकालकर हमें भूल जाना चाहते हैं।।

शमा जलती है अकेली शायद परवाना चला गया।
या फिर शमा की मोहब्बत में जलकर बेचारा छला गया।।

तेरे पास न आकर तेरी यादों से दिल बहलाएंगे।
तन्हाई में चाहे रो लें पर महफिल में मुस्कराएंगे।।

मेरा दिल एक खिलौना था टूट गया।
नींद टूटते ही आंखों से ख्वाब रूठ गया।।

तुम दूर चले गए फिर भी तुम्हारी याद मेरे पास है।
ये सोचकर जी रहे हैं कि शायद यही आखिरी सांस है।।

कत्ल करने वाले का कितना हसीन चेहरा था।
बच्च कैसे पाता नैनों का वार भी गहरा था।।

तेरी बारात मेरी अर्थी बन गई।
तेरी शादी की सालगिरह मेरी बरसी बन गई।।

तन्हाई में रहते हैं तन्हाई ही पसन्द है।
कल उजड़े जिसके फूल वो अपना ही चमन है।।

पहले दिया प्यार फिर बेवफाई दे गई।
महफिल में रहने की कहकर तन्हाई दे गई।।

तुमसे मिलने की तमन्ना में जान गई निकल।
कभी बिता ना सके तेरे साथ प्यार के पल।।

खुद आंसुओं में डूबा हूं, किसी को रोते हुए नहीं देख सकता।
मैंने बहुत सहे हैं जुल्म इसीलिए जुल्म होते हुए नहीं देख सकता।।

दिल की बातें आंखों में उतर आईं।
आइना देखा तो तेरी ही तस्वीर नजर आई।।

प्यार में किए वादे पूरे कर ना सके।
तेरी जुदाई में मरना चाहा पर मर ना सके।।

दिल टूटा तो क्या हुआ जान तो अभी बाकी है।
ख्वाब ही टूटे हैं अरमान तो अभी बाकी है।।

वफा का नाम देकर बेवफाई की हद से भी गुजर गए।
वादा क्या निभाते वादा करने से भी मुकर गए।।

शमा को जलते देख परवाना फिसल गया।
शमा का कुछ ना बिगड़ा परवाना जल गया।।

वादे टूटे तो टूट गईं प्यार की लड़ियां।
आज एटम बम बन गई कल वाली फुलझड़ियां।।

बेदर्द भी देखे धोखेबाज भी देखे पर तुम सा पत्थर ना देखा।
मेरी निगाहें तुमको ही देखती रहीं तुमने पलटकर भी ना देखा।।

मोहब्बत की है तो रोना ही पड़ेगा।
दिल क्या जान से हाथ धोना भी पड़ेगा।।

तुझे देखे बिन चैन ना आए तू मेरा करार बन गई।
तुझे देखें भी कैसें दुनिया की रस्में दीवार बन गईं।।

हर तरफ महफिल सजी हर तरफ छाई है हरियाली।
सबके दिलों में फूल खिले हैं मेरा ही दिल है खाली।।

तुम्हें दिल ने पुकारा पर तुम दिल की पुकार ना सुन सके।
पुराने सपने टूट गए और नए सपने हम ना बुन सके।।

दिल टूट गया तो क्या हुआ टूटा दिल ही लेकर जी लेंगे।
दवा तो सभी लेते हैं हम तेरे नाम का जहर ही पी लेंगे।।

जीने की कोई तमन्ना ना बची लोगों को देखकर जी रहे हैं।
कोई शराब तो कोई शबाब पर हम आंसू पी रहे हैं।।

तेरे प्यार ने हमें गलियों का आवारा बना दिया।
गर्व था हमें खुद पर लेकिन तुमने बेचारा बना दिया।।

दिल को रखा बड़ा सम्भाले फिर भी निकल गया।
पूछा कहां जा रहे हो तो बोला नया साथी मिल गया।।

तुमसे मोहब्बत करने का हमें क्या फायदा मिला।
फूल हमारा था पर दूसरे के चमन में जा खिला।।

बेवफा सारा जहां है अकेले हुस्नवालों की क्या बात करें।
अंधेरों ने पाला है हमको उजालों की क्या बात करें।।

मोहब्बत में कितना दर्द है ये जमानेवाले नहीं जानते।
दीवाने पागल हैं पत्थर खाकर भी नहीं मानते।।

देखना एक दिन प्यार मेरा जरूर रंग लाएगा।
पत्थर को पिघलते देख जमाना दंग रह जाएगा।।

तन्हाई में रहकर महफिल में हंसते हुए आते हैं।
यहां भी खुद को तन्हा ही पाते हैं।।

जन्मों के वादे करके वो एक जन्म भी साथ निभा ना सके।
उन्होंने कभी हमें पुकारा नहीं और हम आ ना सके।।

ए दिल टूटने से बाज आ जा बहुत बिखर गया।
आजकल तो उनकी महफिलों से भी तेरा जिक्र गया।।

खुद अंधेरों में रहकर जलाए थे जिनके लिए हजारों दीए।
आज वो ही हमको अंधेरों में छोड़कर चल दिए।।

मेरा भी दिल टूटा पर किसी को खबर न थी।
शुक्र है मेरी भीगी पलकों पर किसी की नजर न थी।

नजारा देखने वाला खुद नजारा बन गया।
जो चांद था आज वो टूटा सितारा बन गया।।

एक बार जो मुरझा जाए फूल दोबारा नहीं खिलता।
एक बार जो बिछड़ जाए यार दोबारा नहीं मिलता।।

•••

फूलों पर चलनेवालों को कांटों पर सुला देते हैं।
करके दिल्लगी बातों ही बातों में रुला देते हैं।।
खाना-पीना, सोना-उठना कुछ भी याद नहीं रहता।
हुस्नवाले जब पीछे लगते हैं तो सब कुछ भुला देते हैं।।

दो पल ठहरे और आंखें मिलाकर चले गए।
चंद घूट अपने शबाब के पिलाकर चले गए।।
मैं ना उन्हें समझ सका ना जान सका।
वो खुद को एक पहेली बनाकर चले गए।।

मेरे हुस्न को कोई चोर ना ले जाए।
अपने प्यार की कोई डोर ना ले जाए।
दिल तुम्हें ही दे दिया ये सोचकर।
कि कहीं दिल कोई और ना ले जाए।।

जलवे दिखा रही हो मस्ती भरी चाल के।
निकली हो आंखों में काजल डाल के।
मेरा दावा है जिस गली से भी गुजरोगी।
लाखों दीवानों का दिल ले जाओगी निकाल के।।

तेरे ये गाल जैसे कोई गुलाब हों।
तेरे ये होंठ जैसे कोई शराब हों।।
तुम्हें देखकर कोई फैसला ना कर सकेगा।
कि तुम ताजमहल हो या मुमताज हो।।

जिन्दगी भर तेरा प्यार ना पा सके।
वफा करके भी तेरा ऐतबार ना पा सके।।
राहों में ही भटकते रहे सारी उम्र।
जहां सुकून से रह सकें, ऐसा संसार ना पा सके।।

मुझ पर तोहमत लगाने वाले।
कभी खुद से भी शिकवा किया करो।।
न छोड़ो सारा जहर मेरे लिए।
कभी थोड़ा सा खुद भी पिया करो।।

हुस्नवालों दुनिया से मोहब्बत मिट जाएगी।
आशिकों को इतना सताया ना करो।
जो परवाने शमा के लिए मिट जाते हैं।
तुम उन परवानों को पागल बताया ना करो।।

मेरा प्रेम कबूल कर लो।
या सीने में छुपाई तस्वीर हटा दो।।
मुकद्दर में लिखाकर लाया हूं खुदा से तुम्हें।
आ जाओ या खुदा की बनाई तकदीर मिटा दो।।

अगर मिल जाते तुम दुआ से।
तो सुबह-शाम मांगता खुदा से।।
हर पल साथ रहता साया बनकर।
तुम्हें पाकर दूर हो जाता सारे जहां से।।

प्यार झलकता है किसी और के लिए तेरी आंखों में।
सिर्फ बेवफाई ही बेवफाई नजर आती है तेरी बातों में।।
दिलासा मत दो तुमसे बिछड़कर जिन्दगी काट लूंगा।
चुप रहो बेवफाई की बू आती है तेरे वादों से।।

आज ये मौसम गजब कर गया।
बिना पिए ही नशा चढ़ गया।।
नजर आती है हर तरफ खुशी की लहर।
दामन प्यार से कोई इस तरह भर गया।।

चांद सा चेहरा देखकर फिदा हो गया।
एक और दीवाना दुनिया से जुदा हो गया।।
दिल ने धड़कना बंद कर दिया था।
तुम्हें देखकर फिर से जिन्दा हो गया।।

तेरे प्यार का नशा सा छा रहा है।
दिल में दर्द बढ़ा चला जा रहा है।।
तुम तो तड़पाती ही हो दिन-रात।
जमाना भी हम पर सितम ढा रहा है।।

प्यार में एक और दीवाना हो गया।
इस तरह मजनुओं की कतारें लग जाएंगी।।
पत्थरों की परवाह नहीं करेंगे।
दौड़े आएंगे जब-जब लैला बुलाएंगी।।

मेरी मोहब्बत रंग ला रही है धीरे-धीरे।
मेरी तरह वो भी तड़पती नजर आ रही है धीरे-धीरे।।
उनकी बेरुखी पर भी मैंने वफाएं कम ना कीं।
मेरी वो वफाएं कमाल दिखा रही हैं धीरे-धीरे।।

गमों के अंधेरों में सोया था आज तक।
तेरा रूप शमा का काम कर गया।
आंखों में प्यार होंठों पर नाम मेरा।
मैं तो तेरी सादगी पर मर गया।।

कहीं शमा जलती है, कहीं परवाना जलता है।
कहीं हुस्न जलता है, कहीं दीवाना जलता है।।
दिल मार ले जाए अगर मोहब्बत की बाजी।
तो मोहब्बत का दुश्मन ये जमाना जलता है।।

हुस्नवाले हकीकत को फसाना बना देते हैं।
तिरछी निगाहों से देखकर दीवाना बना देते हैं।।
इनकी नजरों से बच पाए ना दिल।
सीने में छुपाकर रखने पर भी निशाना बना देते हैं।।

बेवफाई सहते हुए दिल टूट गया।
मझधार में आ गिरा किनारा छूट गया।।
एक लुटेरा आया था रांझे के भेष में।
मुझे बनाके हीर मेरा सब कुछ लूट गया।।

आंखों से आंखें मिलाकर रखना।
कहीं नजरों की डोर टूट ना जाए।।
आंखों में सपने संजोकर रखना।
कहीं आंखें खुलने पर टूट ना जाए।।

वफा के बाद बेवफाई है।
महफिल के बाद तन्हाई है।।
दो दिन के मिलन से खुश ना होना।
आगे जिन्दगी भर की जुदाई है।।

दुनिया में कुछ ऐसे भी हैं मनचले।
जो दिन-रात मोहब्बत की आग में जले।।
छोड़कर वो जुल्मों की सेज को।
बदनसीब कांटों के रास्तों पर चले।।

लोगों को चांद दिखाई दे रातों में।
मेरा चांद मेरी आंखों में समाया है।।
मैं जब-जब खोने लगा अंधेरों में।
मेरे चांद ने मुझे रास्ता दिखाया है।।

आंखों में तीर हाथों में खंजर।
चलाकर कटारी दिल कर दिया बंजर।।
अपनी मोहब्बत के हाथों कत्ल हुए।
लोगों ने देखा सरेआम ये मंजर।।

पतझड़ में भी रहती हो फूलों सी खिलके।
जैसे आई हो तुम जन्नत से निकल के।।
दिल करता है तुमको दिल में छुपा लूं।
चैन नहीं आता अब तो तुमसे मिलके।।

तुम चाहकर भी मुझे भुला ना पाओगे।
ऐसा प्यार छोड़ जाऊंगा दिल के कोने-कोने में।।
मैं तो चार दिन का मेहमान ही सही।
जाने के बाद तुम्हें चैन ना मिलेगा रोने में।।

दिल को थामे खड़े हैं तेरी राहों में।
कभी ना कभी तो आएंगे तेरी निगाहों में।।
तुझे एक दिन पिघलना ही पड़ेगा पत्थर।
बड़ा दम है मेरी वफाओं में।।

वो मेरी मोहब्बत के आगे पिघलने लगी है।
अपने दीवाने की याद में जलने लगी है।।
कल जिसे मेरी सूरत से भी नफरत थी।
अब वो रोज-रोज मेरी सूरत की तारीफें करने लगी है।।

क्या गलियों में भी शराब छोड़ रखी है तुमने।
तेरी गली से गुजरते हैं लोग लड़खड़ाते हुए।।
तेरे रूप और तेरी आवाज के दीवाने हैं लोग।
यूं निकला ना करो तुम गुनगुनाते हुए।।

दिल्लगी करने वाले कभी दिल लगाकर देखो।
खुले छोड़ रखे हैं दरवाजे दिल में आकर देखो।।
हम तो तेरी गलियों से गुजरते हैं रोज ही।
कभी तुम भी तो हमारी गलियों में आकर देखो।।

सदियों से यही हाल है दिले नादान का।
बेवफाओं ने शोषण किया इस अन्जान का।।
पहले जी भरके खेला दिल से।
फिर रास्ता दिखा दिया श्मशान का।।

दिल पर यही आखिरी एहसान कर दो।
जहरीली आंखों से जहर का जाम भर दो।।
इसमें भी जान है तड़पता है बेचारा।
करके कत्ल इसका काम तमाम कर दो।।

तेरी जुल्फों ने रख दी मेरी जिन्दगी उलझाकर।
दीवाना बना दिया तुमने आंखों से पिलाकर।।
मेरी जिन्दगी की गाड़ी पटरी से उतर गई।
जब से गई हो तुम हाथ हिलाकर।।

उसे कैसे भुलाऊं वो धड़कनों में बस गई।
उसकी जुल्फें मुझे नागिन बनके डस गईं।
उसके लिए दिल तड़पता है ऐसे।
जैसे बेचारी कोई चिड़िया जाल में फंस गई।।

अरे तुम क्या करोगे मोहब्बत।
इश्क तो परवाने किया करते हैं।।
जल जाने पर भी शिकवा नहीं करते।
शमा का ही नाम लिया करते हैं।।

काश! मेरे पास भी कबूतर होता।
तो भेज देता अपने प्यार का पैगाम।।
जो मैं कह ना सका होंठों से।
कबूतर कर देता मेरा वो काम।।

मुझे चाहनेवाली तू मुझसे क्या चाहती है।
ये प्यार है या यूं ही दिल्लगी करना चाहती है।।
मुझसे वफा करनेवाली मैं तेरे काबिल नहीं।
क्यों तू मेरी जिन्दगी बनना चाहती है।।

हम तेरे प्यार में इतना तड़प चुके।
हमें अब और तड़पना मना है।।
मैं तुम्हें पाने के लिए कितना बेचैन हूं।
और तुम कहती हो प्यार करना मना है।।

आके गले लग जाओ इन ठण्डी आंहों में क्या रखा है।
दिल से दिल मिला लो इन निगाहों में क्या रखा है।।
आओ मिलके हम अपनी मंजिल तक पहुंच जाएं।
दुनिया की इन कांटों भरी राहों में क्या रखा है।।

सुना है वो हमसे मोहब्बत करने लगे हैं।
जाने क्यों जानबूझकर बेमौत मरने लगे हैं।।
उनको समझा दो कुछ नहीं ठोकरें खाने में।
फिर क्यों वो मुसीबत खड़ी करने लगे हैं।।

वो कभी हमें मोहब्बत के लिए उकसाते हैं।
कभी लैला-मजनू के किस्से सुनाकर डराते हैं।।
ये उनकी मोहब्बत है या मेरी मोहब्बत का इम्तिहान।
हम उनकी अदाओं को समझ ही नहीं पाते हैं।।

दिल चाहे प्यार के दरिया में बहता जाएं।
हमें प्यार हो गया दुनिया से कहता जाएं।।
तुम तो फूलों की खुशबू हो।
जो पूरे चमन को महकाएं।।

मोहब्बत में लगे दागों को धो लें।
कोई अलग ना कर सके ऐसे एक-दूजे के हो लें।।
मोहब्बत बेशक बदनाम सही लग जाओ गले।
खोकर एक दूजे की बाहों में बदनाम हो लें।।

ये तेरी जुल्फों ने घटा बिखेरी है।
या सावन का बादल मतवाला हो गया।।
ये तेरी अदाओं की मेहरबानी है।
कि मौसम का मिजाज ही निराला हो गया।।

मोहब्बत का दीया दिल में जलाकर रखना।
बेवफाइयों से दामन मेरा बचाकर रखना।।
एक पल भी तेरी निगाह ना हटे मुझसे।
इस तरह आंखों में मेरी तस्वीर बसाकर रखना।।

पागल दिल प्यार किए बिना माने ना।
ये मोहब्बत में मिली रुसवाइयों को जाने ना।।
जमाने वाले मोहब्बत को पसंद नहीं करते।
लेकिन ये जमाने की रस्मों को माने ना।।

तेरे रूप को लोगों की नजरें ना लग जाएं।
अपने चेहरे को पर्दे में छुपाकर रखा करो।।
सुना है खैरात में बांटते हो प्यार आजकल।
थोड़ा सा प्यार मेरे लिए भी बचाकर रखा करो।।

हुस्नवाले दिल खिलौना समझकर तोड़ देते हैं।
आग के दरिया में ले जाकर छोड़ देते हैं।।
एक बार जो रास्तों में भटक जाए।
ये उसे रास्ते में ही भटकता छोड़ देते हैं।।

शराबी तेरी आँखों से पीकर मयखाना भूल जाए।
जिन्दगी भर ना उतर सके ऐसे नशे में झूल जाए।।
दिल का सौदा करने को तैयार बैठे हैं हम।
भले ही इस सौदे में हम खुद को भूल जाएं।।

ऐसे ही सोचती रही तो।
जवानी के दिन निकल जाएंगे।।
आज जलाती हो अपने हुस्न से।
कल हुस्न के जलवे ढल जाएंगे।।

बागों में मत जाना फूल होंठों से खुशबू चुरा ले जाएंगे।
छूकर तेरे गालों को गालों का रंग उड़ा ले जाएंगे।।
दुनिया बड़ी जालिम है जरा बचके रहना।
वर्ना लोग देकर मोहब्बत का झांसा भगा ले जाएंगे।।

लोग पत्थर मारते हैं मजनू को।
दर्द लैला को होता आया है।।
दो दीवाने नहीं मिलेंगे आज भी।
वही होगा जो सदियों से होता आया है।।

तेरी डोली के साथ मेरा जनाजा उठेगा।
तेरी सेज कलियों से सजेगी मेरा जिस्म जलेगा।।
मेरी कब्र पर अपना घर बसाने वाली।
दुनिया में तुझे मुझ सा दीवाना नहीं मिलेगा।।

उनकी राहों से राहें दिल से दिल मिल गया।
सागर को थामने के लिए साहिल मिल गया।।
मैं क्यों जाऊं अब खुदा के दर पर मांगने।
जब बिना मांगे ही मुझे सब कुछ मिल गया।।

वो गुजरे हुए लम्हें याद आने लगे हैं।
तन्हाई में अपने ही साए डराने लगे हैं।।
लोग कहते हैं शराब गम भुला देती है।
इसलिए हम जाम से जाम टकराने लगे हैं।।

दिल पर लगी तेरी छाप मिटाना चाहता हूं।
तू बेवफा है मैं तुझे भुलाना चाहता हूं।।
ओ मेरी सूरत से नफरत करने वाली।
आइने में तुझे तेरी सूरत दिखाना चाहता हूं।।

वो लेकर अपना छोटा सा दिल हमारे आगे-पीछे घूमते हैं।
कभी हमारी तस्वीर गले से लगाते हैं कभी चूमते हैं।।
हमने प्यार भरी नजरों से उन्हें देख क्या लिया।
वो दिन-रात मोहब्बत के नशे में झूमते हैं।।

दिल दे नहीं सके जान क्या दोगे।
हमेशा रुसवा किया अब मान क्या दोगे।।
हमने की मोहब्बत तुमने की बेवफाई।
बताओ तो जरा इस किस्से को नाम क्या दोगे।।

जवानी ने सताया तो नजरों से नजरें मिलाने लगे।
खुद ही पास आकर दूरियां मिटाने लगे।।
पर्दे में छुपकर जी रहे थे आज तक।
आज खुद ही वो पर्दे हटाने लगे।।

मैं लिख डालूंगा तुम पर गजल।
अपना साथ दे दो पल दो पल।।
अपने प्यार का यकीन दिलाकर रहूंगा।
तुम जज्बातों को समझोगी आज नहीं तो कल।।

पतझड़ में हम अकेले रह जाएं।
वो जाते-जाते बहारों को संग ले जाते हैं।।
लगता है एक दिन मझधार में रह जाएंगे।
जाते-जाते वो पतवारों को संग ले जाते हैं।।

दिल का मरीज तुमसे दवा मांगता है।
तुम्हें ही बन्दगी तुम्हें ही खुदा मानता है।।
तेरे प्यार में मरने का गम ना होता।
जो प्यार से पूछ लेती कि क्या मांगता है।।

मैंने तेरे पीछे दिल की दौलत लुटाई।
तुमने बार-बार मेरी वफा पर तोहमत लगाई।।
मुझे बना के अपनी गलियों का फकीर।
तुमने ये कैसी मोहब्बत निभाई।।।

मुझे छोड़नेवाले मेरा साथ तुम्हें बहुत रुलाएगा।
तेरा साया भी छोड़कर तेरा साथ तुझसे जुदा हो जाएगा।।
जब तुम्हारे पास न होगा कोई भी।
फिर बताओ मेरे सिवा कौन तुम्हें समझाने आएगा।।

बहार लुट गई पतझड़ आने के बाद।
अब कैसे खिलेंगे फूल झड़ जाने के बाद।।
दिल तोड़कर जीते जी मार दिया मुझे।
घर आबाद नहीं होते उजड़ जाने के बाद।।

तुम शिकार करने जा रही हो किसका।
मैं ये तेरी नजरों से पहचान लेता हूं।।
आज बर्बाद करने का इरादा है किसको।
मैं तुम्हें देखते ही ये जान लेता हूं।।

सारे मयखाने खाली कर दिए फिर भी मस्ती न मिली।
हम सागर पार कर जाते पर कोई कश्ती न मिली।।
अपना घर बसाकर चैन से रह सकें जहां।
हमें दुनिया में कोई ऐसी बस्ती न मिली।।

जहां हम और तन्हाई हो ऐसा जहान मांगता हूं।
जहां प्यार का खेल हो ऐसा मैदान मांगता हूं।।
जो तुम ना मिले तो मर जाऊंगा।
मैं तेरा दिल नहीं अपनी जान मांगता हूं।।

तुम शमा बनोगी तो मैं परवाना बनके तड़पता रहूंगा।
तुम शराब बनोगी तो मैं पैमाना बनकर छलकता रहूंगा।।
तुम मेरे दिल में जान बन के रहना।
मैं तेरे सीने में दिल बन के धड़कता रहूंगा।।

बिन परवाने शमा का जलना कैसा।
बिन मोहब्बत सांसों का चलना कैसा।।
जिन्दगी में जख्म तो मिलते ही रहेंगे।
बिन ठोकरें खाए संभलना कैसा।।

तुम बदनाम ना हो जाओ कहीं।
ये सोचकर तेरा नाम लेना छोड़ दिया।।
आते-जाते गली में टकरा ना जाएं कहीं।
ये सोचकर तेरी गली में मकान लेना छोड़ दिया।।

मोहब्बत में जुदाई के सिवा कुछ नहीं।
ये हमें तेरी जुदाई ने बता दिया।।
क्यों हमें दुनिया से हटाने पर तुली हो।
ये क्या कम है तुझे देखने वाला आइना हटा दिया।।

क्यों जाने को कहती हो मुझे अपनी गलियों से।
मेरे जाने से ये तेरी गलियां वीरान हो जाएंगी।।
मैं हवा का वो झोंका हूं जो खुशबू लाता है।
मेरे जाने से तेरी जिन्दगी श्मशान हो जाएगी।।

रुक भी जाता पर उनकी आवाज ना आई।
मेरा हाथ थामने मेरी मुमताज ना आई।।
लोगों ने पत्थर बरसाए मेरे बदन पर।
मगर उनके लबों पर कोई फरियाद ना आई।।

मैं बहुत दिनों बाद उन गलियों से गुजरा था।
ये वो ही गलियां थीं जहां मेरा प्यार उजड़ा था।।
मैंने बनाना चाहा था कभी जहां ताजमहल।
आज वहां एक टूटा-फूटा खण्डहर खड़ा था।।

मेरी जिन्दगी को दोहराया जा रहा था।
निस्वार्थ मोहब्बत पर दोष लगाया जा रहा था।।
मुझ सी वफा ना कर सका दुनिया में कोई भी।
फिर भी मुझपे बेवफाई का तमगा लगाया जा रहा था।।

दीवाना हूं पागल हूं आवारा हूं मैं।
चमकता चांद नहीं टूटा तारा हूं मैं।।
फिर भी तुम्हें मुझ सा ना मिलेगा।
क्योंकि दुनिया में सबसे न्यारा हूं मैं।।

काश! हमें भी मोहब्बत की बीमारी हो जाए।
हम बनें मजनू कोई लैला हमारी हो जाए।।
प्यार की सारी रस्मों को निभा देंगे।
फिर चाहे दुश्मन दुनिया सारी हो जाए।।

पागल कैसे बताओगी मैं दीवाना हूं तेरा।
मेरे सिवा कहां जाओगी मैं जमाना हूं तेरा।।
मैंने ही तेरी आंखों में मस्ती छोड़ी है।
मैं शराब देने वाला मयखाना हूं तेरा।।

जिस्म के साथ दिल भी ना जल जाए।
ये सोचकर वो दिल निकालने आए हैं।।
मरने के बाद ही सही ये खुशनसीबी है हमारी।
कम से कम हमारा दिल तो संभालने आए हैं।।

जब आइना ही टूट गया तो तस्वीर क्या देखें।
तुम नसीब में नहीं फिर तकदीर क्या देखें।।
सीधा दिल में आकर चुभ गया।
फिर कहां से आया ये तीर क्या देखें।।

निशाना बनाने वाले ने भी क्या खूब।
हमारे दिल को निशाना बनाया है।।
पिला तो वो आंखों से भी सकते थे।
फिर भी हमारी गली में मयखाना बनाया है।।

ये गमों का सफर कटता क्यों नहीं।
गमों का काला बादल हटता क्यों नहीं।।
रोज-रोज आंसुओं से गम हल्का करता हूं।
फिर भी गम मेरा घटता क्यों नहीं।।

सदा पतझड़ में रहा थोड़ी सी बहार दे दो।
सामने आकर बेचैन दिल को करार दे दो।।
दिल में बसा न सको तो कोई बात नहीं।
कम से कम दिल को थोड़ा सा प्यार दे दो।।

दिल में धड़कन और धड़कनों में।
कोई ना कोई ज़रूर समाया होता।।
अगर महबूब का प्यार नहीं मिलता।
तो उसकी तस्वीर को ज़रूर गले से लगाया होता।।

मिलते रहे जो धोखे मोहब्ब्त में।
तो हसीनों का कोई दिवाना ना होगा।।
अकेली ही जला करेगी शमा रातों को।
उन पर मिटने वाला कोई परवाना ना होगा।।

आग से खेलता रहूं या पानी से प्यास बुझा लूं।
तेरा इन्तजार करता रहूं या आस मिटा लूं।।
अपनी मोहब्बत के मुरझाए फूल से दिल लगाकर रखूं।
या फिर दिल में एक नया चमन खिला लूं।।

डूबते हुए से तिनके का सहारा छीन लिया।
बीच सागर में धकेलकर किनारा छीन लिया।।
मेरे आंगन में चांद उतारने का झांसा देकर।
मुझसे मेरा छोटा सा सितारा छीन लिया।।

हमने जिसे चाहा वो चांद का टुकड़ा था।
वो हमारी हो ना सकी बस यही दुखड़ा था।।
मेरे लाख समझाने पर भी ना मानी वो।
एक छोटी सी बात को लेकर ही उखड़ी थी।।

जिसमें गम ही गम हो ऐसी जिन्दगी से क्या फायदा।
खुदा मिले ही नहीं तो बन्दगी से क्या फायदा।।
ये हुस्नवाले बगल में छूरी रखते हैं।
फिर इनकी झूठी हमदर्दगी से क्या फायदा।।

आइने में देखकर चेहरा शर्माना छोड़ दो।
कातिल चाल ना चलो बलखाना छोड़ दो।।
पास बुलाकर जमाने से भी डरते हो।
यूं दोहरी बातें बनाना छोड़ दो।।

इस तन्हाई से मुझे कोई ना उठाओ।
अंधेरे में सुकून मिलता है शमा ना जलाओ।।
वो जितने सितम ढाएं, ढाने दो यारों।
उनको अपनी बेवफाई की याद ना दिलाओ।।

जिसने याद में तुम्हारी सब कुछ भुला दिया।
तुम उसे ही कहती हो भूल जाने के लिए।।
क्या इससे अच्छा कोई और शब्द नहीं मिला।
तुमको दिल हमारा जलाने के लिए।।

मर सकते हैं ना जी सकते हैं।
हमें जिन्दगी आज इस मोड़ पर ले आई।।
कांटे ही कांटे लिपटे हैं दामन में।
दिल लगाने की हमने ये सजा है पाई।।

कितने रंग होते हैं प्यार के।
दीवाने दर्द भी सह लेते हैं यार के।।
ये जानते हुए भी दिल लगा लेते हैं।
कि दो-चार दिन ही होते हैं इस बहार के।।

दिल लगाकर बेवफाई करने की आदत नहीं।
छोटी-छोटी बातों पर बिगड़ने की आदत नहीं।।
तुम्हें होगा शौक नये-नये दीवाने बनाने का।
मुझे तो एक ही गली से दोबारा गुजरने की आदत नहीं।।

इस टूटे हुए दिल में अब जान कहां है।
वो तेरे ख्वाब और तुझे पाने के अरतान कहां है।
मेरी लावारिस लाश को दफनाते तो जाओ।
क्या ये भी बताना पड़ेगा कि श्मशान कहां है।

आंसुओं की भीड़ में पला हूं मैं।
शमा बनके तनहाइयों में जला हूं मैं।।
अब जाके पहुंचा हूं मंजिल के करीब।
न जाने कितने अंगारों पर चला हूं मैं।।

सारी जिन्दगी बहकाए रखे ऐसा नशा है वो।
चाहकर भी जिसे भूल ना सका मेरी वफा है वो।।
वो जिन्दगी तो बनेगी ही किसी ना किसी की।
मगर मैं ये न भूल सकूंगा कि बेवफा है वो।

कभी तो दो बोल-बोल लिया करो प्यार से।
दिल को चैन मिलता है तेरे दीदार से।।
अगर तुम यूं ही मुझसे बेरुखी करती रही।
तो देख लेना जान दे दूंगा कूदकर कुतुब मीनार से।।

यूं सजधज कर निकला न करो।
हर किसी चेहरे पर फिसला न करो।।
कभी दिल निकल जाएगा सीने से।
रखकर सीने में दिल उछाला न करो।।

मोहब्बत का नशा जल्दी ही उतर जाता है।
जब दिल लेने वाला ही मुकर जाता है।।
दिल तो सम्भालकर रखने वाला शीशा है।
ये गिरते ही टुकड़े-टुकड़े होकर बिखर जाता है।।

उफ नहीं करूंगा चाहे कितने भी इम्तिहान लो।
मगर दिल में उपजी मोहब्बत तो पहचान लो।।
नजरों को नहीं दिल को देख जालिम।
कौन तेरा अपना है ये तो जान लो।।

सड़क छाप मोहब्बत ने हमें फंसा दिया।
तेरे पीछे 12 जोड़ी जूतों को घिसा दिया।।
कितना लम्बा सफर तय करके आया था।
तुमने मुझे अपने बाप से ही पिटवा दिया।।

मेरी वफा से खेलने वाली बेवफा हो तुम।
तेरे बगैर कैसे जिऊं मेरा जहां हो तुम।।
मुझे अपने पैरों की धूल समझने वाली।
ये तो बताओ आखिर क्या हो तुम।।

कभी हमने गुनाह किया था प्यार करने का।
उसने भी वादा किया था साथ जीने-मरने का।।
वो तो मोहब्बत करके भी सम्भल गए।
लेकिन हमें मौका ना मिला फिर कभी सम्भलने का।।

वो बेचारी क्या करती जब सारी दुनिया ही पीछे पड़ी थी।
तुझे प्यार से प्यारी इज्जत थी इसीलिए हाथों में तेरे छड़ी थी।।
जिन्दगी और खुद से क्या शिकायत करता है पगले।
ये तेरी आँखें ही तो एक बेवफा से लड़ी थी।।

हम जब से तुमसे मोहब्बत करने लगे हैं।
तेरी गलियों से बार-बार गुजरने लगे हैं।।
मैं अजनबी क्यों खड़ा रहता हूं सड़कों पर।
तेरे मोहल्ले वाले मुझ पर शक करने लगे हैं।।

तेरी मोहब्बत में दिल शमा बनकर जला है।
मिला नहीं चैन दिन-रात ख्वाबों के सफर में चला है।।
मिलती होगी प्यार में जमाने भर की खुशियां।
अब तक तो बेचारा तन्हाई और आंसुओं में पला है।।

इश्क में वो जान पर खेल गया।
कभी पत्थर खाए तो कभी जेल गया।।
एक नाजुक सा इन्सान था वो।
प्यार में सारे के सारे गम झेल गया।।

गोल-गोल गाल और हिरनी सी आंखें तेरी।
पागल कर गई मीठी-मीठी बातें तेरी।।
बेशक चार दिन ही साथ गुजारे तुमने।
पर वर्षों याद रहेगी मुझे ये मुलाकात तेरी।।

अब तक वीरान जिन्दगी में बहार ना आई।
रुक भी जाता पर उनकी पुकार ना आई।।
उन्हें पाने के लिए बड़ी-बड़ी दीवारें ढहा डाली।
लेकिन गिराके जिसे मिल सकूं वो आखिरी दीवार ना आई।।

बेवफाई करने वालों से वफा करता चल।
दिल में दुआ और होंठों पर आहें भरता चल।।
उन्हें तेरा ख्याल आए चाहे ना आए।
तू उनके हर एक ख्याल पर मरता चल।।

मैं बार-बार तेरी गलियों से गुजरता रहा।
तेरा ख्याल नशा बनके दिल में उतरता रहा।।
इस जन्म में ना सही अगले जन्म में पा लूंगा।
यही सोचकर मैं बार-बार मरता रहा।।

तेरी अदा देखी तो पागल हो गया।
तेरी चाहत में आंखों में बादल हो गया।।
दुनिया से क्या शिकवा करूं मैं।
मेरा दुश्मन तो तेरा आंचल हो गया।।

ऐसे ना तड़पता जो तुमसे आँखें चार ना होती।
ना जिन्दगी वीरान होती ना आँसुओं की बहार होती।।
बाकी तो सब सहन कर लेता दिल।
बच जाता जो तेरी आँखों में कटार ना होती।।

आँखों से पिलाने वाले दो-चार घूंट हमें भी पिला जाओ।
दिल में चमन ना सही कुछ कलियां ही खिला जाओ।।
हम खड़े रहेंगे इन राहों पर उम्र भर के लिए।
मगर तुम आओगे जरूर इतना सा यकीन दिला जाओ।।

जब-जब तेरी आंखों में काजल लहराया है।
तब-तब मेरी आंखों में बादल लहराया है।।
तू ही नहीं तेरी अदा भी गुनाहगार है।
जिसने मुझे तेरे पीछे पागल बनाया है।।

आजकल वो नई-नई चालें चलने लगे हैं।
बनकर भोले से दिल छलने लगे हैं।।
इस रंग बदलती दुनियां को देखकर।
वो भी धीरे-धीरे रंग बदलने लगे हैं।।

मेरे दिल का खून करने वाली गुनाहगार हो तुम।
दोनों तरफ से जख्म देने वाली तलवार हो तुम।।
हर इल्ज़ाम से साफ बचके निकल जाती हो।
मैं सोचता ही रहता हूं कितनी होशियार हो तुम।।

आ गया दिल मेरा उनके कदमों तले।
मैं दबकर रह गया दुनियां की रस्मों तले।।
कभी खुद बर्बाद होने का वादा कर लिया।
तो कभी बर्बाद हो गया उनकी कसमों तले।।

तेरे नखरे नाज उठाना छोड़ देंगे।
लोगों को तेरे जलवे बताना छोड़ देंगे।।
तुम मेरे दिल की धड़कन सुनकर ना आए।
तो हम तेरी गलियों से आना-जाना छोड़ देंगे।।

कहीं पर जुदाई तो कहीं पर मिलन होता है।
कांटों में लिपटा फूलों का चमन होता है।।
प्यार में दर्द के सिवा किसी को क्या मिला।
पर प्यार में जख्म ही तो मरहम होता है।।

शराब तो एक बहाना है।
आँसू पीता हूं प्याले में डालकर।।
मेरा अपना एक दिल ही तो था।
इसे भी क्यों ले गई निकालकर।।

ये टूटे-फूटे से अक्षर नहीं।
मेरी बदनसीबी की कहानी है।।
आंसुओं के सिवा कुछ भी नहीं।
मगर जिन्दगी भी तो बितानी है।।

जब से मोहब्बत की आग में जलने लगे हैं।
हम पर गमों के साये ढलने लगे हैं।।
उनकी यादें बेचैन कर जाती हैं।
नींद नहीं आती आंखें मलने लगे हैं।।

लूटने वाले दिल लूटकर चल देते हैं।
दिल को जाने किस ढंग से छल लेते हैं।।
पहले दरिया में कूद पड़ते हैं कस्ती थामने।
फिर खुद ही उसमें पैदा कर हलचल देते हैं।।

पिलाने वाले तो आंखों से भी पिला देते हैं।
हुस्न वाले जाने कब क्या गुल खिला देते हैं।।
खुद ही साथ जीने मरने का वादा करते हैं।
फिर खुद ही बाय-बाय कहकर हाथ हिला देते हैं।।

बेरुखी से देखा ना, देखा कभी प्यार से।
बस मन को बहलाते रहे तेरे दीदार से।।
मुझे दवा चाहिए या मैं दवा मांगता हूं।
कुछ पूछ तो लिया होता इस बीमार से।।

जो बुझे ना पानी से सीने में वो आग है।
होठों पर सर्द आहें दिल में फरियाद है।।
उन तक पहुंच ना पाएगी बात दिल की।
ये धड़कनों की आवाज तो बेआवाज है।।

बता किस-किसके लिए तू तड़पा यार।
किसकी मिली नफरत किसका मिला प्यार।।
किसने तुझे रुलाया किसने तुझे कत्ल किया।
बता कौन-कौन है तेरा गुनाहगार।।

अपनों से मिली नफरत बेगानों का भी ना मिला प्यार।
अपनों को, बेगानों को अपना बनाने के लिए तड़पा यार।।
सबने तड़पाया नफरत कम ना की किसी ने भी।
हर मोड़ पर मिला मुझे एक नया गुनाहगार।।

मेरी मोहब्बत रंग लाएगी एक दिन।
वो करीब भी आएगी एक दिन।।
जब उसने आंखों से आंखें मिला ली।
तो दिल से दिल भी मिलाएगी एक दिन।।

वो कभी मेरे दिल की बात सुन ना सके।
हम उनके सिवा कोई और सपने बुन ना सके।।
चमन मिल जाए ये मुकद्दर की बात है।
हम तो उनकी झोली से कांटे भी चुन न सके।।

यादों में उनकी आहें भरते रहो।
मिटने का शौक हो तो मोहब्बत करते रहो।।
अगर बिताना हो जीवन मस्ती से।
तो यारों हसीनाओं की आंखों से डरते रहो।।

दिल टुकड़े टुकड़े हो गया बिखर कर।
बगिया वीरान हो गई उजड़कर।।
मैं खड़ा रहा देर तक उनकी राहों में।
मगर देखा ही नहीं उन्होंने मुड़कर।।

तेरा चेहरा खिलता हुआ गुलाब है।
तेरी आंखें बहती हुई शराब है।।
तेरी हर अदा तेरा हर सितम प्यारा।
तू सुबह-सुबह देखे जानेवाला ख्वाब है।।

इन पत्थरों का दिल क्यों नहीं पिघलता।
इनको इनसे बढ़कर कोई क्यों नहीं मिलता।।
कुर्बानियों से बड़े-बड़े पत्थर हिल जाते हैं।
मगर इनका छोटा सा दिल क्यों नहीं हिलता।।

वो हार हमको गमों का पहनाकर चले गए।
दिल को जाने कितने रोग लगाकर चले गए।।
दुनिया को बेदर्द रस्में मिलने नहीं देतीं।
ये कहकर वो अपनी बेवफाई छुपाकर चले गए।।

•••

मेरी आंखें हर पल तेरे घर पर लगी रहती हैं।
मुझे तुमसे प्यार हो गया दुनिया कहती है।।

वो कत्ल हमारा करके हमें कातिल बताते हैं।
वो मारकर हमें जान से जिन्दा बताते हैं।।

तपती लू से चमन के फूल मुरझा गए।
तुम्हारा कसूर नहीं तुम तो लोगों के बहकावे में आ गए।।

उन्हें अपने प्यार का यकीन ना दिला सके।
कितनी है मोहब्बत दिल चीरकर ना दिखा सके।।

बादल गरजता है गरजने दो पानी बरसता है बरसने दो।
दुनिया को बीच में ना लाओ हमें प्यार करने दो।।

कभी कहती हो दूरी है कभी कहती हो मजबूरी है।
मुझे लगता है ये तेरा प्यार नहीं सिर्फ मसूरी है।।

तेरी गलियों में मैं आवारा सा फिरता हूं।
तुम्हें देखकर ही जीता तुम्हें देखकर ही मरता हूं।।

तुम पर नजरे पड़ते ही नजरें फिसल गई।
देखा जो गौर से तुझे तो जान निकल गई।।

होंठों की बातें तेरे नैना कर गए।
देखते ही तेरा चेहरा हम मर गए।।

दिल घायल हो गया आंखों का वार सह ना सका।
घायल होकर भी ये पगला तेरे बिना रह ना सका।।

चांद चमक रहा था कि बादल आ गया।
मेरे प्यार को भी गमों का बादल खा गया।।

किसी ने भी ना थामा सारा जहां घूमे दिल लेकर
तन्हाई में जिन्दगी गुजारी कोई ना आया महफिल लेकर।।

अपना बसा-बसाया श्मशान उजाड़कर चले आएंगे।
जब भी बुलाओगे कब्र फाड़कर चले आएंगे।।

रख दिया इश्क के रोग ने बदनाम करके।
वो भी चले गए दिल को परेशान करके।

हुस्नवालों की अदा भी गजब कर गई।
पता ही नहीं चला कत्ल कब कर गई।

बस इतना ही है दिल का कसूर।
ये रह नहीं सकता तुम से दूर।।

दिल कुर्बान कर दिया हमने मोहब्बत का जामा पहनाकर।
और तुमने इसे घर भेज दिया पायजामा पहना कर।

जो तेरे सिर पर सवार है मोहब्बत का जुनून है ये।
और कुछ नहीं बस बदलता हुआ खून है ये।।

कयामत लग रही हो तुम लाल दुपट्टे में।
कोई गुलाब लगा हो जैसे गुलदस्ते में।।

मरने का गम ना हो जो मेरी जान तेरे काम आए।
मर जाऊंगा खुशी से तेरा जो पैगाम आए।।

वो नहीं जानते उनको हम कहां-कहां ढूंढ़ते हैं।
वो चले जाते हैं हम उनके कदमों के निशा ढूढ़ते हैं।।

ऐसा मुकद्दर कहां जब महबूब हो सामने।
और मौत आ जाए दामन को थामने।।

लगता है आप भी मोहब्बत का नशा करते हैं।
अगर ऐसा नहीं तो तन्हाई में क्या करते हैं।।

मेरा दिल जल गया तेरी दिल्लगी से।
तुम मजाक-मजाक में खेल गई मेरी जिन्दगी से।।

बहुत तड़पाता है तेरा दर्दे दिल।
तड़पाने से अच्छा कत्ल कर दे कातिल।।

उतना मजा ना होगा प्यार में।
जितना मजा आता है इन्तजार में।।

चन्द घूंट ही पिला दो आंखों के मयखाने से।
हमेशा के लिए पीनी छोड़ दूंगा पैमाने से।।

सिर कटवा लेते हैं लोग मोहब्बत की बाजी में।
तख्तो ताज ठुकरा देते हैं लोग मोहब्बत की बाजी में।।

जब पहना जाता है कोई प्यार की लड़िया।
तब बड़ी मुश्किल से कटती है इन्तजार की घड़ियां।।

खुदा ने भेजा तुमको परी बनाकर।
मैंने अपना बना लिया प्यार की हथकड़ी पहनाकर।।

पहले थोड़ा करीब आए फिर किनारा कर गए।
जाते जाते बाय-बाय कहकर इशारा कर गए।।

जब से समाया है कोई दिल में।
तब से दिल है बड़ी मुश्किल में।।

अच्छा नहीं मोहब्बत का पंगा लेना।
बंद करो रोज-रोज नया दंगा लेना।।

अगर दिल कामयाब हो गया आजाद होने में।
तो फिर वक्त नहीं लगेगा बर्बाद होने में।।

बस दुआओं में यही मांगता हूं दिन-रात।
मिल जाए तुम्हारे चार पलों का साथ।।

तुम्हें देख तड़पने लगते हैं दिल के जज्बात।
दिल चाहे ले आऊं तेरे घर बारात।।

साजन ऐसा रंग लगाया तुमने होली में।
दिल मचलने लगा बैठने को डोली में।।

अपने दिल की बात कैसे कहे इन बेखबरों से।
ये डरा देते हैं अपनी तिरछी नजरों से।।

तुम हमारी महफिलों में नजर आओगे।
क्या मालूम था इस कदर बदल जाओगे।।

मैं अपने ही गमों से चूर होकर।
तुमसे दूर जा रहा हूं मजबूर होकर।।

घटा भी छाई बहार भी छाई।
हमें था जिसका इन्तजार वो ना आई।।

यहां आकर तुम्हें कुछ ना होगा हासिल।
यहां निगाहों से कत्ल करने वाले रहते हैं कातिल।।

जब से लहरें उठने लगी सागर में।
रात भर करवटें बदलता हूं चादर में।।

जब मोहब्बत के सिवा भी बहुत काम होते हैं।
फिर क्यों दीवाने करके मोहब्बत बदनाम होते हैं।।

जब से तेरे प्यार में हम कहलाए आशिक।
गलियों में फिरते हैं, बनके पगलाए आशिक।।

आंखों के सारे सपने बोझल हो गए।
वो देखते ही देखते आंखों से ओझल हो गए।।

इतना वक्त नहीं लगा था प्यार में।
जितना वक्त लगता है दीदार में।।

वो नहीं आए रह गए हम इन्तजार करके।
चले गए वो गैरों से आंखें चार करके।।

दिल में आहें होंठों पे नाम हाथों में तस्वीर तेरी।
आंखों में आंसू ये सोचूं जाने कब मिलेगी हीर मेरी।।

जब भी मेरी आंखें तेरी आंखों से टकराती हैं।
तेरी आंखों में मोहब्बत ही मोहब्बत नजर आती है।।

ऊपर वाले ने भेजा तुमको कोहिनूर बनाकर।
मैंने अपना बना लिया तुम्हें सिन्दूर लगाकर।।

मुझे देख जब तेरी पलकें झपकने लगी।
तो मैंने समझा बिजलियां चमकने लगी।।

मेरा रोम-रोम तड़प उठा तेरे पास आकर।
तुमने मुझे ठुकरा दिया मेरी सोई प्यास जगाकर।।

बचूंगा नहीं इस रोग से मगर तसल्ली तो देती जाओ।
जो कहना है साफ-साफ कह दो पहेली तो ना बुझाओ।।

सीने से ना टकराओ नाजुक दिल टूट जाएगा।
मोहब्बत ना करो दिल से वर्ना ये रूठ जाएगा।।

वो मोहब्बत भी करें और जलना भी नहीं चाहते।
वो मोम भी बने और पिघलना भी नहीं चाहते।।

अब के बरस ये सावन भी क्या खूब बरसा है।
किसी बेवफा की याद में शायद ये भी तरसा है।।

मोहब्बत में दिल तोड़ कर दीवार से टांग दोगी
फिर चला-चला के खंजर उसकी जान लोगी।।

सनम मेरा करो यकीन हम तुम पर दिलोजान से मरते है।
इसमें नहीं भ्रष्टाचार जरा भी हम ईमान से मरते है।।

उखड़ी-उखड़ी सांसें बहकी-बहकी आंखें काहे को घबराई हो।
इतना बता दो खुद पीकर आई हो या किसी को पिलाकर आई हो।।

टूट जाता है सीसा-ए-दिल टकराए जो।
रो पड़ता है ये दिल जख्म खाए जो।।

ये सीने में धड़कने वाला कितना भोला है।
ये एक फकीर ये एक मस्त-मौला है।।

ये तेरी ना-ना एक दिन हां में बदल जाएगी।
हां शायद तब-तक रुत प्यार की निकल जाएगी।।

वो पत्थर भी ना पिघला मैं भी अड़ा रहा।
बहुत घिसाया फिर भी उसके सिने में पड़ा रहा।

ना दुआ रंग लाई ना दवा का असर हुआ।
ना मोहब्बत में मंजिल मिली ना खत्म सफर हुआ।।

ये प्यार-मोहब्बत खेल, हाथों की लकीरों का।
गरीबों की औकात क्या सौदा ये अमीरों का।।

सोचता हूं जो तूं मुझे मिल गया होता।
तो शायद मेरा जीवन ही बदल गया होता।।

तुम मुझे ख्वाबों का ताजमहल दे दो।
मेरे होठों को प्यार भरी ग़ज़ल दे दो।

मैं तो ऐसे हूं, तेरे नाम के बगैर।
जैसे कोई शराबी हो जाम के बगैर।।

ये माना कि इश्क एक धोखा है।
मगर इसके बिना जीवन खाली खोखा है।।

तेरी पायल की छन-छन से मेरा दिल गया।
मेरे ख्वाबों में बनके तू गुलाब खिल गया।।

आई हो जबसे तुम मेहमान बनके।
मेरी जान ले गई हो मेरी जान बनके।।

धीरे-धीरे से अपने प्यार की गाड़ी चल पड़ी।
मोहब्बत की शमा तेरे दिल में भी जल पड़ी।।

तेरी गलियों में ना आऊंगा कह दो यहां हमारा हक नहीं।
चला जाऊंगा तेरी जिन्दगी से कह दो हमें तुमसे मोहब्बत नहीं।।

आंखों में तेरी मोहब्बत का शरुर है।
थोड़ी ही सही तुम्हें हमसे मोहब्बत तो जरुर है।।

भूल के तेरी सारी गुस्ताखियां।
दिल से मांग लो दे देगें माफियां।।

कोई गुनाह नहीं किया बस तेरा दिल मांगा है।
तेरी आंखों का काजल तेरी गाल का तिल मांगा है।।

तेरी तस्वीर से एक पल भी नजर ना हटेगी मेरी।
अब जिन्दगी की तमाम रातें रो-रोकर कटेगी मेरी।।

तेरे प्यार में लुट गया एक बन्दा सीधा-साधा।
मुझे बना दिया कन्हैया पर तूं बनी ना राधा।।

लो बिना बुलाए हम अपनी बर्बादी में आ गए।
तुमने तो ना बुलाया फिर भी तेरी शादी में आ गए।।

एक कफन का टुकड़ा एक छोटा सा जनाजा मेरा।
मैं मर गया हूं या ये गलत है अन्दाजा मेरा।।

ना तेरे बिना रात हुई ना हुआ तेरे बिना सवेरा।
तेरे ख्यालों के बिना एक पल भी ना गुजरा मेरा।।

मुझे रिझा तो लिया तुमने मीठी-मीठी बातों से।
कहीं तेरा दिल भर जाए दो-चार मुलाकातों से।।

फूल खिल जाते हैं महबूब की मुस्कराहट से।
दिल तो रोशन होता है किसी की चाहत से।।

मेरे दर्द का उन्हें थोड़ा एहसास तो होगा।
मेरी बर्बादी पर वो थोड़ा उदास तो होगा।

प्यार से ही जिन्दगी प्यार से ही जहां रोशन है।
प्यार से ही नजारे प्यार से ही जवां मौसम है।।

ख्वाब दिखाने वाले तोड़ ना जाना मेरा सपना सलोना।
ना खेलना इससे ये दिल है नहीं कोई खिलौना ।।

धरती और आसमां के बीच लटक गया मैं।
ना तू मिली ना दुनिया ऐसे भटक गया मैं।।

चाहे दिल ले लो पर वापस ना करना तोड़ के।
नाजुक से दिल को रखना तुम दिल से जोड़ के।।

जरा जरा सी बातों पे रूठना उनकी आदत है।
रूठे भी क्यों ना आखिर ये भी तो मोहब्बत है।।

मेरा ये छोटा सा तोहफा जुल्फों में सजा लो।
अपने जूड़े में फूल मेरे हाथों से लगवा लो।।

रस्में टूट गई प्यार की कसमों के आगे।
मोहब्बत झुकी नहीं झूठी रस्मों के आगे।।

चाहे कहीं भी चली जाओ मुझे छोड़ के।
एक दिन बांहों में आना पड़ेगा दौड़ के।।

मेरी कश्ती में बैठकर ना जो कश्ती में छेद करेगा ।
दिल थमाउंगा उसे जो मुझसे और खुद में ना भेद करेगा।।

दौलत जिनका खुदा है दौलत ही रब है।
इन दौलत के पुजारियों को प्यार की खबर कहां है।।

मेरा कातिल मेरे ही दिल में उतर गया है।
कोई मुझको अपनी आंखो से कत्ल कर गया है।।

ये किसने फेंका पत्थर शीशे पर कि शीशा टूट गया।
जरा सी ठेस लगी और ऐसे गया बिखर कि शीशा टूट गया।।

ओ दिलवाले इतना बता दे क्या तुमने मरने का ठेका ले लिया।
बेवफाओं से भी वफा करने का क्या तुमने ठेका ले लिया।।

तेरी याद में हमने जीवन रो-रोकर गुजारा।
ऐसा टूटा दिल फिर जुड़ा ना दोबारा।।

जब-जब देखूं मैं तुझको मेरा मन भटके।
जब भी तुझे छूना चाहूं लगे बिजली के झटके।।

देख के तुझे फंस गया मैं तो प्रेमजाल में।
दिन गुजरे यादों में तेरी, रात गुजरे तेरे ख्याल में।।

मन मेरा तेरी गलियों में खो गया लगता है।
पागल दिल को प्यार हो गया लगता है।

ये माना कि तेरे इश्क ने बदनाम कर दिया।
लेकिन बदनामी से क्या डरना जब दिल तेरे नाम कर दिया।।

ओ हीर मेरी आजा तकदीर मेरी तेरे दर पे रांझा आया है।
उफ तेरे प्यार में एक तेरे दीदार ने रांझे को जोगी बनाया है।।

दीवानगी की हद से भी ज्यादा तुम्हें चाहते हैं।
तू ही दिखाई दे जिधर भी नजर घुमाते हैं।।

बद्दुआ देकर सिला देती हैं ये हमारी वफाओं का।
फिर भी गली-गली में चर्चा है इन बेवफाओं का।।

हाय उसका पत्थर दिल कभी ना पिघल पाया था।
भूल से हमने एक पत्थर से दिल लगाया था।।

जान मेरी मोहब्बत के पिंजरे में फंसती जाती है।
उसकी जुल्फें बनके नागिन डंसती जाती है।।

कोई कह ना सकेगा कि दुनिया में हम अकेले हैं।
तू ना सही तेरी यादों के तो मेले हैं।।

•••

कोई सिकवा नहीं दिल तोड़ दो शौक से।
बेशक नया दिल खरीद लेना अगले चौक से।।
मगर हमसा मोहब्बत करने वाला ना मिलेगा।
बेशक महबूब कितने ही खरीद लेना थोक से।।

जो मुझे समझ सके वो नजर ढूंढ़ता हूं।
महबूब के दिल में घर ढूंढ़ता हूं।।
थक जाऊं तो बांहों का सहारा दे दे।
मंजिल तक पहुंचाने वाला हमसफर ढूंढ़ता हूं।।

तुझे देकर चमन वीरानियों से नाता जोड़ लेंगे।
गम समेटकर खुशियां सारी तेरे लिए छोड़ देंगे।।
मोहब्बत की दुनियां में अपना नाम लिखवाकर।
प्यार के इतिहास को नया मोड़ देंगे।।

बता दिल तोड़कर तुझको क्या हासिल हुआ।
जितना तुझे चाहा उतना ही तू पत्थर दिल हुआ।।
दिल में बसाकर दिल का ही खून कर दिया।
जमाने में ना तुझ सा कोई कातिल हुआ।

अफसाना प्यार का कोयल गाती है चहकते हुए।
चमन को खुशबू दे रहा है तेरा बदन महकते हुए।।
तुमने आंखों से बहुत ज्यादा पिला दी मुझे।
सम्भालना कहीं लिपट ना जाऊं तुमसे बहकते हुए।।

बार-बार देखता हूं मुड़कर पुकार लो।
तुझमें समाकर तेरा बन जाऊं सीने में उतार लो।।
किसी के संग जिन्दगी तो बितानी ही है तुम्हें।
फिर क्यों ना मेरे घर आकर तुम जिन्दगी गुजार लो।।

मिलके रास्ते एक बार फिर खो गए।
मंजिल के पास जाकर भी जुदा हो गए।।
शायद मेरी वफा में कमी रह गई।
इसीलिए तो वो बेवफा हो गए।।

सोचा न था मोहब्बत को खुदा कहने वाले।
मोहब्बत का जिक्र आते ही खफा हो जाएंगे।।
जिन्दगी भर साथ निभाने का वादा करने वाले।
चार कदम साथ चलके ही जुदा हो जाएंगे।।

पता नहीं ये आंखें क्या गुल खिला दें।
इन्हें झुकाए रखना वर्ना मोहब्बत हो जाएगी।।
महबूब की गलियों का फकीर बनना पड़ेगा।
बेवजह ही खड़ी मुसीबत हो जाएगी।।

अपने आंचल में छुपा लेना प्यार मेरा।
मेरी मोहब्बत को कोई दाग न लगे।।
जमाने की नजरों से बचाए रखना।
प्यार को नफरत की आग न लगे।।

मैंने ख्वाबों में एक तस्वीर बनाई है।
अपने प्रेम की उसे जंजीर पहनाई है।।
सिर्फ वो मुझको ही मिले यह सोचकर।
अपनी तकदीर से उसकी तकदीर मिलाई है।।

मेरी जिन्दगी में आते तो बहुत प्यार करता मैं।
तुम्हारी हर चाह पूरी करता चाहे जीता या मरता मैं।।
अगर रुकने का जरा सा इशारा भी कर देते।
तो भी सदियों तक तुम्हारा इन्तजार करता मैं।।

पतझड़ के बाद मौसम आया है बहार का।
बांहों में समा जाओ वक्त नहीं इन्तजार का।।
चांद से मुखड़े को पर्दे में ना छुपाओ शरमाकर।
घुंघटा खोल दो समा है ये तेरे-मेरे दीदार का।।

वो हमसे दूर चले गए हमारा दिल तोड़कर।
पीछे भी ना देखा पुकारा मैंने हर मोड़ पर।।
वो मेहमान थे हमने उन्हें दिल में बसा लिया।
फिर चले गए एक दिन वो किराए का मकान छोड़कर।।

जिस्म के कतरे-कतरे में शराब भरी है इतनी।
पीने के लिए मचलता होगा खुद जाम भी।।
पागल से होकर अपने होश खो बैठे।
दीवाने देखकर तुझे भूल जाएं अपना नाम भी।।

तेरी गली में जाते ही बहक जाता हूं।
क्या आंखों के मयखाने से शराब छोड़ रखी है।।
ये तेरे बदन की खुशबू आ रही है।
या आंचल में छुपाकर कली तोड़ रखी है तुमने।।

दिल का छोटा सा दर्द बीमारी बन गया।
आज अपना ही दिल मुसीबत हमारी बन गया।।
दिल पर नशा सा छाया रहता है।
हर-पल शरूर आंखों की खुमारी बन गया।।

आज सुबह जब मैं बाजार गया।
तो एक हसीना पर दिल हार गया।।
उसकी नजरों में जादू था ऐसा।
उसकी नजरों का तीर जिगर के पार गया।।

दीवाने तन्हाई में आहें भरा करते हैं।
आशिक तो बेमौत ही मरा करतें हैं।।
मोहब्बत एक मीठा जहर है यारों।
दीवाने फिर भी पीने से नहीं डरा करते हैं।

वो ना मिलते तो जुदाई भी ना होती।
प्यार ना करते तो बेवफाई भी ना होती।।
काश! उनकी महफिल में ना जाते।
तो जिन्दगी भर की तन्हाई भी ना होती।।

वो जब से कली से फूल बन गई।
मेरी मोहब्बत उसकी नजरों में धूल बन गई।।
वो पहले कांटा बनके सीने में चुभती थी।
दर्द कैसे ना होगा अब तो वो शूल बन गई।।

दिल में खिलाकर प्यार का फूल।
दिल को फूलों सा महकाया आपने।।
उजड़ के वीरान हो गया था जो मकान।
खाली पड़े उस मकान को बसाया आपने।।

गमों का अन्धेरा दूर ना होगा चिराग जलाने से।
दिल का दर्द हल्का ना होगा बताने से।।
उनकी तस्वीर छा चुकी इस तरह दिल में।
अब तो मिटेगी ये खुद को मिटाने से।।

चांद-सितारे ना सही रोशनी कर लेंगे चिरागों से।
वादा रहा घर बसा लेंगे तेरी यादों से।
तुम मेरी जिन्दगी में तो ना आ सके।
पर कोई छीन ना पाएगा तुम्हें मेरे ख्वाबों से।।

यूं महफिल से रूठकर ना जाइये जनाब।
अपनी मस्त आंखों से हमें पिलाइये शराब।।
दिल तो पहले ही लूट लिया आपने।
अब जिन्दगी तो ना करके जाइये खराब।।

जीने की चाह में ऐसे मर गया मैं।
पतझड़ के पत्तों की तरह बिखर गया मैं।
उन्हें अपनी दास्तां सुना भी देता शायद।
पर जाने क्यों उनका चेहरा देखकर डर गया मैं।

वो गैर हैं फिर भी हमें हमारे लगते हैं।
कभी वो चांद कभी वो सितारे लगते हैं।।
वो गालियों के सिवा कुछ देते ही नहीं।
फिर भी उनके बोल बड़े प्यारे लगते हैं।।

तू होगी कोई परियों की शहजादी।
मैंने तेरे पीछे गुजार दी उम्र आधी।।
मैं अब तेरा इन्तजार करूंगा सिर्फ चार दिन।
इससे आगे नहीं देख सकता अपनी बर्बादी।।

मैं मानता हूं हुस्न तेरा लाजवाब है।
आंखों में भी तेरी शराब है।।
मगर हकीकत से बहुत दूर है तू।
मेरे लिए तो तू बस एक ख्वाब है।।

सुन्दरता की जीती जागती मूरत है तू।
लोगों का पता नहीं, पर मेरी जरूरत है तू।।
मैं तेरे लिए जान की बाजी भी लगा सकता हूं।
पर तुम्हें मुझसे प्यार नहीं इसीलिए मूर्ख है तू।।

बरसात में भीगी ये जवानी तेरी।
मेरा दिल ले गई नादानी तेरी।।
मोहब्बत किस शै का नाम है।
कैसे जानता ना होती जो मेहरबानी तेरी।।

हमको जब भी तेरी याद सताती है।
दिल में कसक सी उठ जाती है।।
करवटें बदलता रहता हूं रात भर।
जाने कहां आंखों से नीद उड़ जाती है।।

हमको जब तेरा चांद सा चेहरा नजर आया।
तो सोचा चांद जमीं पर कैसे उतर आया।।
इस चांद को देखा जब कुछ करीब से।
तो लगा दिल हमारा पत्थर से टकराया।।

मौसम आ गया दिल लगाने का।
वक़्त है यही गुल खिलाने का।।
गले लग जाओ मुद्दत के बाद।
मौका मिला है तन्हाई मिटाने का।।

ये कातिल जवानी मुझ पर लुटा दो।
बीच की सारी दूरियां मिटा दो।।
हम दोनों दो ना रहें।
अपने चेहरे से पर्दा हटा दो।।

फूलों सा महकता ये नाजुक बदन।
किलकारी मारता हुआ ये चंचल मन।
अंग-अंग में तेरे खुशबू भरी इतनी।
जैसे हो तुम कोई खिलता हुआ चमन।

कोई दीवाना किसी का ऐतबार नहीं करेगा।
हुस्न वाले पत्थर बने रहे तो कोई प्यार नहीं करेगा।।
कयामत के बाद भी तुम ना आए अगर।
तो कोई भी सदियों तक किसी का इन्तजार नहीं करेगा।।

मदभरी आंखों में प्यार का दीआ जल रहा है।
जानता हूं तेरे दिल में प्यार पल रहा है।।
मुझको कहीं पत्थर दिल ना समझ लेना।
तुम्हें देख मेरा दिल भी मचल रहा है।।

हुस्न के बाजार में कत्ल किए जाते हैं।
आंखें मटकाकर दिल छल लिए जाते हैं।।
ना तो प्यार ना ही वफा इसमें।
मोहब्बत के नजरिये ही बदल दिए जाते हैं।।

पास ना आओ तो दूर से क्यों सताती हो।
दिल में नहीं समाती तो धड़कन क्यों बढ़ाती हो।।
देखकर तुम्हें यूं ही जल जाते हैं हम।
फिर बल खाकर दिल में आग क्यों लगाती हो।।

टूटे दिल को फिर कहीं सहारा ना मिला।
तूफान इतने जोर से आया कि, किनारा ना मिला।।
तेरे जाते ही अन्धेरा हो गया जिन्दगी में।
चांद बादल में ऐसा छुपा कि दोबारा ना मिला।।

जिसे फूल समझ के गले से लगाए।
उसका दामन कांटों से भरा क्यों होता है।।
जिसे अपना समझे वो ही लूटकर चल दे।
दीवानों को प्यार में धोखा क्यों होता है।।

हुस्न वाले चैन लूटकर रातों की नींद लूटते हैं।
मोहब्बत के नाम पर करते हैं ये घोटाले।।
बर्बाद करके रख देते हैं ये सितमगर।
अन्जाने में जो भी इनसे कोई नजर मिला ले।।

मोहब्बत में आंखें चार करना छोड़ो।
मर जाएंगे नजरों से वार करना छोड़ो।।
रुसवाइयों से दिल टूट जाता है।
बाहों में आ जाओ तकरार करना छोड़ो।।

वो खिला-खिला सा चेहरा हमें धोखा दे गया।
अब तो दिल नहीं खाली खोखा रह गया।।
तिनके-तिनके इकट्ठे करके ख्वाबों का महल बनाया।
हवा का झोंका अपने साथ सब कुछ ले गया।।

कभी जमाने ने लूटा कभी बेवफाई ने बर्बाद किया।
बस मोहब्बत में यही हादसे हुए हैं आज तक।।
दिल शीशे की तरह बिखर कर रह गया।
और टूटे दिल की आई ना आवाज आज तक।।

परवाना मिट गया शमां पर फिदा होकर।
और शमा ने आंसू भी ना बहाया।।
परवाने को मोहब्बत का जनून था।
और शमां ने परवाने को पागल बताया।।

मेरे दिल को कभी करार ना आया।
उनको कभी मुझ पे प्यार ना आया।।
उनकी राहों में खाक बनके मिट गया।
फिर भी उन्हें मुझपे ऐतबार ना आया।।

तेरी याद तेरा ही इन्तजार रहता है।
तुझे देखे बिना दिल बेकरार रहता है।।
जो दर्द कभी जागा था तुझे देखकर।
वही दर्द सीने में बार-बार रहता है।।

तुमसे बिछड़ कर हम रह नहीं सकते।
तेरे बिना कैसे जिएंगे कह नहीं सकते।।
हम कलियों में ख्वाब सजाने वाले।
कांटों के जख्म सह नहीं सकते।।

तुझे पाने के लिए दुआ करता हूं रात-दिन।
तड़पता रहता हूं, दिल नहीं लगता तेरे बिन।।
जब से दिल लगाया सोना भूल गया।
आज कल मेरी रातें गुजरती हैं तारे गिन।।

तेरी जवानी मेरे बदन में आग लगाती है।
तेरी आंखों में चाहत की खुशबू नजर आती है।।
अब क्यों घूमे गलियों में आवारा हम।
तेरी मोहब्बत घर बनाने के ख्वाब दिखाती है।।

तेरे लिए दिल तेरे लिए ही जिन्दगी वार दे।
तेरे प्रेम में खोकर दो दिन की जिन्दगी गुजार दे।।
मुझे शराब पीने पर भी नशा नहीं चढ़ पाया।
तू मेरी आंखों को कभी ना उतरने वाला खुमार दे।।

जब से तेरी बेवफाई का अहसास हुआ।
जीने की तमन्ना ना रही जिन्दगी से ऊब गए।।
बड़ी मुश्किल से कश्ती किनारे तक लाए थे।
हाय रे बदनसीबी किनारे पर आकर भी डूब गए।।

हसीदन चेहरों की आड़ में बेवफाई करने वाले काफी हैं।
फिर भी मोहब्बत की कांटों भरे राहों से गुजरने वाले काफी हैं।।
मरने के लिए भरे सागर की जरूरत नहीं पड़ती।
आंखों के पानी में भी डूबकर मरने वाले काफी हैं।।

उनके आने से जागे थे कुछ अरमान।
वो मेरे अरमानों को भी मार गए।।
लगभग सारी बाजी जीत चुके थे।
हालात ऐसे बने कि जीती बाजी हार गए।।

मेरा दिल कांटों की नोक पर चला।
ये दिन-रात तेरे ही ख्यालों में पला।।
मेरा दिल तो मोम की तरह था।
फिर क्यों मेरे नसीब को पत्थर मिला।।

कभी कश्ती किनारे पर ही रह गई।
तो कभी डूब गई बीच सागर में।।
कभी तेरे ख्यालों में टहलते रहे रात-भर।
तो कभी करवटें बदल कर रात बिताई चादर में।।

दिल को तड़पते हुए देख रहे थे।
मोहब्बत को उजड़ते हुए देख रहे थे।।
जिसके सिवा किसी को ना चाहा था।
आज उसी को जुदा होते हुए देख रहे थे।।

शमां की खातिर जान दे दी परवाने ने।
फिर भी देखा तक नहीं इन मेहरबानों ने।।
इन सितमगरों को ही वफा निभानी ना आई।
वर्ना मोहब्बत में कोई कसर तो ना छोड़ी इन दीवानों ने।।

मेरी आंखों में ताजमहल का नक्शा उतर आया।
जब पहली बार तुमने मुझे मुमताज कहकर पुकारा था।।
बहुत रोका मगर छलक ही पड़े आंसू।
जब मुमताज को बेवफा का नया अन्दाज देकर पुकारा था।।

आंखों ही आंखों में कोई सवाल कर दिया।
प्यार की दौलत से तुमने मालामाल कर दिया।।
ना सांसे ना धड़कन ना शरीर में हलचल थी।
मरे हुए में जान डालकर तुमने कमाल कर दिया।।

तेरे लिए जाने कितनों से दूर हो गया।
तेरी मोहब्बत में और कौन-कौन रूठेगा पता नहीं।।
मेरा दिल शीशा है और तू एक पत्थर।
पत्थर पिघलेगा या शीशा टूटेगा पता नहीं।।

राह चलते को भी दखल देते हैं लोग।
पहले मोहब्बत करने की पहल करते हैं लोग।।
जिसे चौहदवीं का चांद कहते हैं पहले।
बाद में कोई नया चांद बदल लेते हैं लोग।।

कहीं मोहल्ले वाले उन पर उंगली ना उठाएं।
उन पर मोहब्बत करने का सितम ना ढाएं।।
प्यार का इजहार करने से डरते हैं वो।
कहीं दुनियां उनकी दुश्मन ना हो जाए।।

आग लगी थी धुआं सा उठ रहा था।
लगता था किसी का दिल जला हो।।
थोड़ा करीब आके झूठा प्यार देकर।
जैसे किसी ने मासूम दिल को छला हो

दीवाने को तो पीछे लगने की आदत पड़ गई।
जहां भी देखी खूबसूरत हसीना नजरें लड़ गई।।
अपना दिल हाथों में लिए घूमते हैं ये।
दिल हो गया बेकाबू धड़कन इनकी बढ़ गई।।

फूल मुरझा गए खिलने से पहले।
मर गए जान निकलने से पहले।।
जाने क्या-क्या ख्वाब संजोए थे।
पर बिछड़ गए मिलने से पहले।।

चांद में तुम सितारों में तुम।
पतझड़ में तुम बहारों में तुम।।
ये मेरी नजरों को क्या हो गया।
नजर आती हो हर नजारों में तुम।।

होगा ना कोई जहां में ऐसा दीवाना।
जिसने मोहब्बत में चोट खाई ना हो।।
पैदा ना हुआ होगा दुनिया में ऐसा हुस्न।
जिसने मोहब्बत में की बेवफाई ना हो।।

मेरा दिल और दिल की आवाज हो तुम।
मेरी आंखों में बसा हुआ ख्वाब हो तुम।।
तुम्हें पाकर जिन्दगी लगने लगी नई-नई।
मेरे लिए जीने का नया अन्दाज हो तुम।।

वो मोहब्बत क्या जिसमें चोट खाई ना जाए।
वो मिलन क्या जिसमें जुदाई ना आए।।
लोग महफिलों से भी ऊब जाते हैं।
अगर जिन्दगी में कभी तन्हाई ना आए।।

लैला-मजनु, हीर-रांझा और भी ना जाने।
कितने को मिटा दिया प्यार के जहर ने।।
बेवफा, पागल, कातिल और भी ना जाने।
कितने को पनाह दे रखी है इस शहर ने।।

कांटे ही कांटे नजर आते हैं दामन में।
उनके जाते ही वीरानी छा गई आंगन में।।
कभी वो भी आए थे मेरे घर।
बस यादें ही रह गई अब तो मन में।।

मिसरी से भी मीठा जहर है ये।
बेवफाओं का बरसाया कहर है ये।।
जिसे मोहब्बत कहते हैं और कुछ नहीं।
बस दिल से निकलने वाली लहर है ये।।

तुम्हें देखकर दिल से आह निकल जाती है।
तू हर रोज नए-नए रूप में ढल जाती है।।
क्या बदन पर मक्खन मल रखा है।
नजरें बदन पर पड़ते ही फिसल जाती हैं।।

चमन पतझड़ का शिकार होकर उजड़ने लगा।
दिल मोहब्बत के नाम से डरने लगा।।
जब से ठोकर खाई तेरे प्यार में।
दिल में मोहब्बत का रंग फीका पड़ने लगा।।

मुझे पागल कर दिया तेरी दीवानगी ने।
कहीं का नहीं छोड़ा तेरी मेहरबानी ने।।
चमकते सितारों में गिनती होती थी।
खाक में मिला दिया मुझे मेरी आवारगी ने।।

तेरे लिए प्यार पल रहा है हर दिल में।
तेरा ही इन्तजार हो रहा है हर महफिल में।।
बार-बार धड़कन टकराए सीने से तेरी खातिर।
हर कोई चाहता है तुमसे ख्वाबों में मिलने।।

जान देकर भी तुम्हें पा न सके।
तुम्हें छोड़कर मंजिल नई बना न सके।।
तुमने जख्म दिए थे दिल को इतने।
फिर किसी दूसरे से दिल लगा न सके।।

तेरी खातिर जाने कितने आंसुओं के सागर बहाए।
तेरे कारण लोगों ने जाने कितने पत्थर बरसाए।।
आज यही ख्याल आ रहा है बार-बार।
आखिर क्यों हम एक पत्थर से टकराए।।

अब कहां चमन खिलेंगे इस वीराने में।
कहीं से एक फूल आ गिरा था अन्जाने में।।
बनके राजकुमार उसे कोई और ले गया।
हमसे कौन बदनसीब होगा इस जमाने में।।

तेरी आंखों को जाने क्यों।
लोग शराब की प्याली कहते हैं।।
जिस पर लुटाया हमने दिल।
उसे लोग तिरछे नैनों वाली कहते हैं।।

हम तो यूं ही बह गए जज्बात में।
वो कैसे जाते मेरे जनाजे के साथ में।।
आंसू न बहाने पड़े मुफ्त में ये सोचकर।
चले गए वो गैरों की बारात में।।

कब तक खेलता रहेगा मेरे दिल से खेलने वाले।
मुझे सागर में धकेलकर, साहिल पे टहलने वाले।।
एक दिन तू ही थककर चूर हो जाएगा आखिर।
हम फिर भी मुस्कराते रहेगें तेरे सितम झेलने वाले।।

जो साथ ले चले मुझे भी सफर में।
बिठा ले जो अपने दिलो-जिगर में।।
उन सूनी निगाहों की तलाश है मुझे।
जो सपनों की तरह सजाए रखे नजर में।।

बिजली भरी है तेरे बदन में।
अंगारे बरसते हैं प्यासे मन में।।
इतना नजदीक मत आओ मेरे।
कहीं आग ना लग जाए तन में।।

हंसे तो उसकी गालों में भंवर पड़ जाए।
उसकी गहरी आंखों में समुद्र नजर आए।।
मेरी जिन्दगी सुने मकान की तरह है।
वो आ जाए तो ये मकान संवर जाए।।

तेरी आंखों में झांककर देखा तो डर गए।
प्यार कैसे जागा नफरत के बादल किधर गए।।
मेरे चेहरे को वे टूटा खण्डहर बताते थे।
फिर आज क्यों इस चेहरे पर मर गए।।

इसमें आकर चले जाए दिल कोई मकान नहीं।
मोहब्बत को ना समझे इतने भी नादान नहीं।।
ये वर्षों तक जलने वाली आग है।
दिल की लगी बुझाना इतना आसान नहीं।।

दौलत और शोहरत बस नाम की होती है।
मोहब्बत के बगैर मजा नहीं आता जीने में।।
चुपके से आए और आकर चली जाए।
वो जवानी क्या जब दर्द ही ना हो सीने में।।

मोहब्बत करने का मन तुमने बनाया तो सही।
अपने दिल की धड़कनों को जगाया तो सही।।
कब से नजरें टिकीं थी तेरे घर पर।
शुक्र है चांद सा मुखड़ा नजर आया तो सही।।

तेरी इन आंखों में जाम मेरा।
तेरे इन होठों पर नाम मेरा।।
जब देखती हो मदभरी आंखों से।
तो सोचता हूं जाने क्या होगा अंजाम मेरा।।

मेरा ही प्यार है दिल के कोने-कोने में।
सचमुच वक्त नहीं लगता दिल के खोने में।।
जब से ख्यालों में आया तेरा भोला सा चेहरा।
चैन नहीं आया जागने या सोने में।।

तेरे आते ही दिल का चमन खिल गया।
भटकती आत्मा को जैसे नया जन्म मिल गया।।
अकेले चांद की क्या बात करूं।
सितारों से भरा सारा गगन मिल गया।।

दिल तोड़ दिया जरा भी ना किया ख्याल मेरा।
बेचैन क्यों कर गया तुम्हें ये सवाल मेरा।।
एक-एक पैसा करके बड़ी मुश्किल से खरीदा था।
प्यार टूट गया तो देती जाओ रुमाल मेरा।।

तेरे बालों को देखकर घटा भी घबरा जाए।
तेरे गालों को देखकर फूल भी शर्मा जाए।।
जब तूं निकले चौदहवी का चांद बनके।
तुझे पाने के लिए चांद भी ललचा जाए।।

देख लें फूलों को हंसकर तो चमन महका दे।
चली जाए ठेके पर तो मय को बहका दे।।
उसका रंग-रूप है इतना प्यारा यारों।
कि हर शै को वो रंगीन बना दे।।

तुमने जुल्फें बिखराई तो बरसात हो गई।
काली चुनरियां ओढ़ी तो रात हो गई।।
अब होंठों से बोलकर क्या कहें।
जब आंखों ही आंखों में बात हो गई।।

हुस्न वाले मखमल नही पंछी पकड़ने के जाल हैं।
दिल लूटकर गे कर देते कंगाल हैं।।
ये किसी का घर क्या बसाएंगे सितमगर ।
ये तो बर्बादी की जीती-जागती मिसाल हैं।।

जरा मेरी भी बात सुन ए पवन।
उनसे कह लगता नहीं मेरा मन।।
उनसे कह जाके उन्हें जल्दी बुलाया है।
सावन की रुत में जलता है बदन।।

दिल ले लिया अब जान तो न ले।
तेरे मेरे बीच मे जहांन तो न ले।।
कभी छुपना कभी शर्माना कभी आंखें दिखाना।
दम निकालता है ऐसे-ऐसे इम्तिहान तो न ले।।

ये हुस्न वाले अपने सीने की आग।
दूसरे के दिल में लगा देते हैं।।
इन्हें अपनी जान मत सौंपना।
ये जिन्दगी को मुश्किल बना देते हैं।।

नजरें मिलाने से डरते हैं वो।
पास में आने से डरते हैं वो।।
सोचते हैं कोई देख ना ले।
इसीलिए हाथ हिलाने से डरते हैं वो।।

बनके अनजान नजरें चुराया ना करो।
शीशे से दिल पर ठेस पहुंचाया ना करो।।
जमाना हम दोनों पर शक करता है।
बार-बार छत पर तुम आया ना करो।।

कोई गुलाब या चेहरे का रंग है ये।
दिल्लगी या प्यार की उमंग है ये।।
बस दूर से ही इशारे करते रहना।
प्यार करने का कैसा ढंग है ये।।

बाहों में समा जाओ छोड़कर नखरों को।
इतना मत गड़ाओ कील सी नजरों को।।
अब तो मुझे इश्क में पास कर दो।
निकाल फेंको दिल में पड़े पत्थरों को।।

तुम रोम-रोम में समा गए दिल में उतर कर।
रूप और भी निखर गया मोहब्बत से गुजर कर।।
तुमने दिल को वीरान होने से बचा लिया।
तुम ना आते तो हम रह जाते उजड़ कर।।

•••

जाने कितना खून बहाया तेरी खातिर सीने से।
और तुम डर रही हो अपने पसीने से।।

मेरे लिए आंखों में उनकी प्यार बड़ा है।
वो दिखाए कैसे सामने जमाना खड़ा है।।

कौन कहता है कि वो हमसे दूर है।
थोड़ी ही सही उन्हें हमसे मोहब्बत तो जरूर है।।

रास्तों में भटकते रहे उन्हें मंजिल बनाके।
हमने कुछ ना पाया उनसे दिल लगाके।।

अपना दिल सीने से आजाद कर दिया।
इस तरह खुद को बर्बाद कर लिया।।

इस तरह जिन्दगी का एक-एक कारवां लुट गया।
इसीलिए अब तो खुदा से भी विश्वास उठ गया।।

अगर मिला तो पूछूंगा मेरा वो जहां कहां है।
खुदा से मिलनेवालों मुझे भी बता दो खुदा कहां है।।

हम हुस्नवालों से किनारा करते हैं।
ये प्यार नहीं आशिकों को आवारा करते हैं।।

तुमसे जुदा हुए तो आंसू बह रहे थे आंखों से।
हम फूट-फूटकर रोने वाले हैं लगता था उखड़ी सांसों से।।

प्यार में ठोकरें भी मिलती हैं ये पहले जान न सके।
उनको जान दे दी फिर भी वो हमें दीवाना मान ने सके।।

महफिल नहीं सिर्फ तन्हाई हो तुम।
कैसे लगाऊं तुमसे दिल हरजाई हो तुम।।

उड़ जा रे दिल के पंछी प्यार के पर लगाकर।
इस बेगाने जहां में कोई तो होगा तेरा घर।।

जिसे देखने के बाद दिल बार-बार उछला।
उसे दिल में बिठाया तो वो कातिल निकला।।

हमने तुम्हें चाहा, तुम हमें मारना चाहती हो।
जो तुम्हारा घर बसाना चाहे उसे ही उजाड़ना चाहती हो।।

पहले मोहब्बत की फिर चली गई तड़पता छोड़कर।
पहले सीने से लगाया फिर चली गई दिल तोड़कर।।

मंजिल भी मिल जाएगी पहले ढूंढ़ लो डगर।
अकेले चला ना जाएगा बना लो हमसफर।।

अपना हर लम्हा हर सांस तेरे नाम कर देंगे।
तेरी खातिर दुनिया के सितम अपने सिर कर लेंगे।।

वो दिल से खेलकर दिल को तोड़ गया।
खुद मंजिल पर पहुंचकर हमें राह में छोड़ गया।।

शमा जलती है तो परवाना भी जल उठता है।
ये उम्र ही ऐसी है कि दिल मचल उठता है।।

बदनाम हो गए हम इश्क के नाम पर।
कुछ हाथ ना आया खेल गए जान पर।।

जैसे हर जगह गुलाब के फूल नहीं खिलते।
वैसे ही सच्चे आशिक हर जगह नहीं मिलते।।

दिल कहीं छोड़ आए कहते हो तुमने ले लिया।
अब मत ढूंढ़ो इसे ये किसी और ने ले लिया।।

लैला-मजनू के बताए रास्तों पर चलते हैं।
जहां हुस्न जले वहां हम भी जलते हैं।।

ये तेरी जुल्फों की घटा ये आंखों का काजल।
देखते ही होश उड़ गए क्यों हो ना जाऊं पागल।।

तेरी दिल्लगी जान ले गई, इस जहा़ंन से उस जहांन ले गई।
आना चाहता था बांध के सेहरा, पर किस्मत हमें श्मशान ले गई।।

तेरी चंचल सी मुस्कान पर खेल गया मैं जान पर।
कभी भी ले लेना चाहे, कुर्बान कर दूंगा दिल तेरे नाम पर।।

हुस्नवालों ये कैसा इन्साफ है।
हमें शिकायत की भी सजा तुम्हारा खून भी माफ है।।

रहने दो प्यार की बातें प्यार निभा नहीं पाओगे।
दो पल पास रहकर जिन्दगी भर की जुदाई दे जाओगे।।

मैं दिल हार गया इश्क के बाजार में।
पत्थर बरसाओ दुनियावालों एक दीवाना और हो गया संसार में।।

इक तरफा प्यार में इस तरह जलते रहते हैं।
वो आगे-आगे हम उनके पीछे-पीछे चलते रहते हैं।।

भरी बहार में भी दिल का चमन उजड़ जाएगा।
प्यार मत करना जिन्दगी भर पछताना पड़ जाएगा।।

जी भरके रुलाया उसने जी भरके तड़पाया था।
यारों कभी अपना भी दिल एक लड़की पर आया था।।

इन नखरेवालियों के हम कितने नखरे उठाते हैं।
हम फूल दें बदले में वो पत्थर बरसाते हैं।।

धड़कन बढ़ने लगी पल-पल कहीं भी दिल को करार ना आया।
पागल तो हो गए तेरे प्यार में फिर भी तुम्हें प्यार ना आया।।

आजकल यारों उनके ऐसे-ऐसे खत आते हैं।
कहते हैं कल भी तुम्हें चाहते थे आज भी चाहते हैं।।

मेरे नाज़ुक से दिल ने जख्म सहे हैं इतने।
जाने मेरे ख्वाबों के लुट गए चमन कितने।।

हाथों में मेहंदी चेहरा चमका ले हल्दी से।
मैं दुल्हा बन जाऊं तू डोली सजा ले जल्दी से।।

जिन्दगी भी सूनी-सूनी और दिल भी मेरा खाली था।
प्यार बिना तो जीवन बस कांटों भरी डाली था।।

नफरत से ही सही तेरे दिल में हमेशा खिलते रहेंगे।
जहां से भी गुजरोगे हर मोड़ पर तुम्हें मिलते रहेंगे।।

तू चली जाए मैं तेरे कदमों के निशां ढूंढ़ता रहता हूं।
तेरे आने जाने की खबरें मैं दोस्तों से पूछता रहता हूं।।

तेरी नजरों का तीर जिगर के आर-पार हो जाता है।
तू लगाती है जख्म तो दिल-तार-तार हो जाता है।।

तू ही मेरा कमल तू ही मेरी ग़ज़ल।
तू ही मेरी मुमताज तू ही मेरा ताजमहल।।

सोचा था हम कभी ना कभी मिल जाएंगे।
क्या मालूम था दिल के अरमान दिल में ही रह जाएंगे।।

मोहब्बत में ना दुनियां मिली ना तेरा प्यार मिला।
ना जाने किस जन्म का बदला मुझे यार मिला।।

कोई दुश्मन हो तो उसे दोस्त बना लीजिए।
कोई दिल में बैठकर सताए तो उसका क्या कीजिए।।

दिल में तेरे प्यार की तस्वीर लगाई है।
तुम्हें क्या मालूम तुम्हें अपनी हीर बनाई है।।

मिट जाएं प्यार के लिए वो ही दीवाने होते हैं।
जल जाएं शमा के लिए वो ही परवाने होते हैं।।

पता नहीं ये उनकी अदा है या मजबूरियां।
मैं जितना करीब जाऊं उतनी ही बढ़ा देते हैं वो दूरियां।।

तेरी खातिर चूड़ी पहनी तेरे लिए ही पायल छनकाई।
मैं मिट गई तेरी खातिर तुझे मेरी याद भी ना आई।।

दिल देकर देख लेना आहें भरके देख लेना।
अगर शौक हो मिटने का तो प्यार करके देख लेना।।

सबसे पहले प्यार जन्म लेता है आंखों में।
फिर आंखों से गुजरकर समा जाता है सांसों में।।

मैं तेरा रांझा तू थी मेरी हीर जानी।
तू ना मिली तो बन गया मैं फकीर जानी।।

कहीं भी जाऊं तेरे बिना रह ना पाऊं मैं।
कितना प्यार है तुझसे दिल चीरकर कैसे दिखाऊं मैं।।

तेरे पीछे लगा ही रहूंगा जब तक ना तुझे पिघला दूं।
तेरे सीने में तो दिल है मैं तो पत्थरों को भी पिघला दूं।।

पहले दुनिया से जुदा हो जाते हैं जो प्यार में पड़के।
फिर एक दिन खुद भी जुदा हो जाते हैं यार से लड़के।।

छोड़ भी दे अब इस रोज-रोज के झगड़े को।
कारगिल ना बना प्यार के इस लफड़े को।।

तू मिल जाए तो खुदा से और मन्नत मांगू ना।
रब दे तो तुझे दे दे बदले में जन्नत मांगू ना।।

सबका नाम ले लेकर कैसे बताऊं तेरे दीवाने इतने सारे हैं।
कर-कर के दिल्लगी तुमने लाखों मारे हैं।।

चांद-सितारों से भरा आज दामन तेरा है।
अगर सूना है तो वो सिर्फ आंगन मेरा है।।

यूं तो दुनिया में मेरे अपने जाने कितने हैं।
पर सारे सच कैसे हों मेरे सपने जाने कितने हैं।।

रोज मारोगे लाखों दीवानों को तो कैसे गुजारा होगा।
देख लेना तेरे कारण एक दिन सूना जग सारा होगा।।

दिल तुमको ही खुदा, तुमको ही राम कहता है।
मेरी रगों में खून नहीं तेरा नाम बहता है।।

सोने से पहले उठने के बाद तेरा ही दीदार करता हूं।
अपनी तस्वीर से पूछ लेना तुम्हें कितना प्यार करता हूं।।

चेहरे से लगे जैसे तुम मनियारी की दुकान हो।
लड़की से ज्यादा दिखती, तुम लेडीज समान हो।।

यूं तो मुकद्दर से मुझे पूरा-पूरा इंसाफ मिला है।
लेकिन तू ही ना मिला तो क्या खाक मिला है।।

मेरे मुंह पर पड़ता है करारा चांटा।
जब कह जाती हो तुम बाय-बाय टाटा।।

एक पल मुस्कराकर जैसे तुमने कोई एहसान कर दिया।
और वो कुछ भी नहीं जिसने सारा जीवन तेरे नाम कर दिया।।

खुद भी जलती हो हमारे अरमानों से भी खेल रही हो।
क्यों दिल में उठे दो-दो तूफानों को झेल रही हो।।

धन दौलत तो बस चार दिनों की सरकार है।
मोहब्बत बिना तो जिन्दगी ही बेकार है।।

क्या यही थी कसमें क्या यही थी तेरी मोहब्बत।
दूर हो गई देखकर थोड़ी सी दौलत।।

मेरा हर वादा मेरी हर कसम झूठी लगे उनको।
मेरा प्यार जहर लोगों की बातें रस की बूटी लगे उनको।।

दीवानों को लोग हमेशा याद करते हैं।
कोई मरने से पहले कोई मरने के बाद करते हैं।।

बिना एक पल भी बैठे तेरे प्यार की छांव में।
तेरे पीछे बदनाम हो गया मैं सारे गांव में।।

ना जानू मैं रस्मों-रिवाज ना जानू मैं जात-पात।
बस इतना जानू तेरा मेरा है जन्म-जन्म का साथ।।

दोनों सूरत में ही मैं प्यार को अमर कर जाऊंगा।
या तेरा प्यार पा लूंगा या तेरे प्यार में मर जाऊंगा।।

तू मुझे गले लगाए तो दिल में चमन खिल जाता है।
तू दूर जाए तो मेरा दम ही निकल जाता है।।

मेरी आंखों में इतने आंसू जितना बादल में पानी है।
लगता है मेरी और बादल की एक ही कहानी है।।

मैंने तो दिल में प्यार का बीज बोया था।
फिर भी दिन-रात मैं कांटों पर सोया था।।

ढलते-ढलते ये रात के साये भी ढल जाते हैं।
मगर हम सारी रात तेरे ग़मों से निकल नहीं पाते हैं।।

तेरा वो साजन चमकता चांद है मेरी तरह टूटा सितारा नहीं।
वो मुकद्दर का बादशाह है मेरी तरह मुकद्दर का मारा नहीं।।

तुझे पा सकूं मेरी तकदीर इतनी भी नहीं।
पर क्या मेरी औकात तेरी तस्वीर जितनी भी नहीं।।

दिल का हाल लिखकर गए थे हम तेरे हाथ थामने।
लैटर के टुकड़े-टुकड़े कर दिए तुमने मेरे सामने।।

कोई डोरी ऐसे ना उलझे कि संवारी ना जाए।
खुदा जुदाई इतनी ना देना कि गुजारी ना जाए।।

क्या जानों तुम प्यार अक्ल तुम्हारी थोड़ी मोटी है।
तेरे सीने में छोटा-मोटा पहाड़ नहीं एवरेस्ट की चोटी है।।

ना उन्हें कोई जख़्म ना ही उन्हें कोई मर्ज है।
और कुछ नहीं शायद उनको बिछड़ने का दर्द है।।

कभी तेरे बालों पर शेर लिखा कभी तेरे गालों पर गीत लिखा।
जब भी कुछ लिखा बस तुझे मन का मीत लिखा।।

सच हो गया तेरा जो ख्वाब था एक जमाने का।
गली में आकर देख ले जनाजा निकला है तेरे दीवाने का।।

नजरें नहीं तीर और तलवार हैं ये।
तेरी पलकों में छिपी तीखी कटार हैं ये।।

ना जाने कितनी बार तुमसे ख्वाबों में मिले।
अब से हम दो बार बागों में मिले।।

ना कोई अब इन आंखों में अब ख्वाब सजेगा।
हर पल दिल में अब दर्द भरा साज बजेगा।।

मैंने जो कहना चाहा समझ सके ना मेरी बात वो।
लोगों ने दीए जलाए मेरा दिल जला दीवाली की रात को।।

कभी लिपटी रहती थी जो साये की तरह।
आज जुदा हो गई वो पराए की तरह।।

तेरे ख्यालों में डूबा इस कदर रहा हूं।
सारे जहां से जुदा सबसे बेखबर रहा हूं।।

तेरे प्यार में डूब जाऊं क्या करूं साहिल का।
जिसमें तू ना आए क्या करना उस महफिल का।।

अपने अरमानों का महल और के संग सजा लेना।
मुझे बेवफा समझ भूल जाना अपना घर बसा लेना।।

ए दिल जो तुझे भूल गई उसे याद ना कर।
बहुत हो चुका अब और ज्यादा खुद को बर्बाद ना कर।।

बातें भी हवाई करते और खुद भी हवा थे।
जब जागे तो पता नहीं वो महल कहां थे।।

•••

हम नहीं बनाएंगे इस जहां में प्यार का आशियां।
ना जाने कब नफरत का तूफान आ जाए।।
वर्षों से इकट्ठे किए एक-एक तिनके को।
जाने कब तूफान एक ही पल में बहा ले जाए।।

सारी लकीरें झूठी पड़ गईं बाकी तो।
बस जुदाई वाली लकीर ही मिली है।।
मुझे इतनी लम्बी तपस्या के बाद।
बस एक तेरी तस्वीर ही मिली है।।

एक छोटा सा गम ही काफी है।
किसी की लाखों खुशियां घेरने के लिए।।
एक छोटा सा पत्थर ही काफी है।
किसी शीशे को बिखेरने के लिए।।

तुझे खत लिखा है तेरी खबर लेने के लिए।
तू बेवफा है इसके सिवा शब्द नहीं कहने के लिए।।
पहले मेरे दिल को घर बनाया था तुमने।
अब कौन सा दिल चुना है रहने के लिए।।

लगी है उनके घर पर निगाहें।
जाने वो घर से कब निकलेंगे।।
निकलना तो पड़ेगा ही उनको घर से।
शायद मेरा जनाजा निकलेगा तब निकलेंगे।।

कभी तेरे प्यार में कभी तेरे इन्तजार में।
मैंने जिन्दगी की तमाम रातें जाग-जागकर काटी हैं।।
तुम तो दो कदम चलकर ही थक गए।
मैंने सारी जिन्दगी ही भाग-भागकर काटी है।।

देख सजना मेरा जनाजा किस शान से निकला है।
ये होकर तेरी गली तेरे मकान से निकला है।।
मुझे मंजिल तक पहुंचने के लिए तू भी शामिल हो जा।
मरते का आखिरी बोल यही जुबान से निकला है।।

चाहे दिल लुट जाए चाहे जान भी लुट जाए।
चाहे दौलत लुट जाए चाहे ईमान भी लुट जाए।।
हर कीमत पर मंजूर है मुझको प्यार तेरा।
तेरे पीछे चाहे मेरा सारा जहान भी लुट जाए।।

वो जख़्म देते रहे हम जख़्म सहते रहे।
उनकी गलियों को ही दुआ हम कहते रहे।।
सोचा था आंसू उनके रुमाल से ही पोछेंगे।
इसी उम्मीद पर आंसू सारी जिन्दगी बहाते रहे।।

लोगों की बात का विश्वास ना करता शायद।
पर मैंने खुद ख्वाबों का ताजमहल उजड़ते देखा है।।
मैं कैसे दिलाऊं यकीन इन आंखों को।
खुद इन आंखों ने तुझे डोली चढ़ते देखा है।।

वो अपने आशिकों के खून से हाथ रचाएंगे।
दीवानों की कब्र पर अपना आशियां बनाएंगे।।
कहते हैं बहुतों से खेल चुके अब तक।
अब ये खेल छोड़कर अपनी डोली सजाएंगे।।

उनकी नजरों में तेरी कोई कद्र नहीं।
संभल जा दिल नादान ना बन तूं।।
वो धक्के देकर घर से निकाल देंगे।
उनका बिन बुलाया मेहमान ना बन तूं।।

धरती पर सागर के संग किनारा है।
आसमान में चन्दा के संग सितारा है।।
इस जहां में जो अकेला है कोई।
तो वो केवल एक दिल हमारा है।।

समझा था उसे हीर फिर भी ना मिली वो।
बनाई थी दिल में उसकी तस्वीर फिर भी ना मिली वो।।
ना दिल का राज बतलाते ना वो दुश्मन बनते।
जिसे दोस्त समझ बताई पीर दुश्मनों से जा मिली वो।।

हमसे नजरें मिली तो वो पलके झपकाना भूल गए।
हाथों में रह गई किताबें पढ़ना-पढ़ाना भूल गए।।
बड़े दिनों बाद आया है मेरी गलियों में दीवाना मेरा।
ये सोचते-सोचते हाथ वो ठोढ़ी से हटाना भूल गए।।

मोहब्बत क्या है ये वो हमें भी समझाने लगे हैं।
मजनू का किस्सा मजनू को ही सुनाने लगे हैं।।
सबने जब अपने घर के दरवाजे बंद कर लिए।
तब जाकर वो मेरे घर में आने लगे हैं।।

मैं कांटों पर भी दौड़ सकता हूं।
तेरे लिए सारा जहां छोड़ सकता हूं।।
एक बार अपनी आंखों से इशारा कर देना।
बहारों का मुख तेरी ओर मोड़ सकता हूं।।

वो आएंगे कभी ना कभी तमाम जिन्दगी इस भरोसे में गुजर गई।
चाहा था जिन्दगी मोहब्बत में गुजारना पर धोखे में गुजर गई।।
एक दिन एक घड़ी एक लम्हा भी नसीब ना हुई मुझे खुशी।
इतनी लंबी उम्र दर्द की लहरों और नफरत के झोंके में गुजर गई।।

आज तक जिसे भी अपना समझा वो गैर निकला।
जिसे अमृत समझकर पीते रहे वो जहर निकला।।
अपने अरमानों को जिन्दा करने आया था यहां।
मगर अफसोस ये भी मुर्दों का ही शहर निकला।।

तेरी हर रात रंगीन तेरा हर दिन रोशन रहे।
फूलों सा महकता चांद सा चमकता तेरा यौवन रहे।।
पतझड़ में भी फीकी ना पड़े तेरे चेहरे की रंगत।
तेरे मुख पर हमेशा ताजगी का मौसम रहे।।

हर अदा तेरी कयागत हर बात तेरी निराली।
आंखें तेरी मस्त शराब कमर चम्पा की डाली।।
खुशबू लुटाती बहारों को, रोशनी देती सितारों को।
सूरज निकलता है लेकर तेरे होंठों की लाली।।

जितने सजाए हैं ख्वाब मिट्टी में मिलाकर खाक कर देगी।
मत खेलो आग से ये मोहब्बत जलाकर राख कर देगी।।
ना जख़्म गिने जाएंगे ना ही मरहम मिल पाएगा इतना।
छोटे से दिल में जगह-जगह ये सुराख कर देगी।।

उनका नाम लबों तक लाने से भी डरता हूं मैं।
उनकी गलियों में जाने से भी डरता हूं मैं।।
कभी बिना पलकें झुकाए एकटक देखा करता था।
अब तो उनसे नजरें मिलाने से भी डरता हूं मैं।।

मेरे दिल में हमेशा तेरा प्यार कायम रहे।
तेरे दिल में नफरत का भण्डार कायम रहे।।
एक पल के लिए भी ना जागे प्रेम तेरा।
खुदा से दुआ है मेरी तेरा अहंकार कायम रहे।।

हमने उनकी खूबसूरती पर शेर लिखे तो वो खुशी से इतराते रहे।
बहुत अच्छा शायर है मेरी प्रशंसा सहेलियों के आगे गाते रहे।।
जब उनके दिल की बारी आई तो हमने उसे पत्थर बता दिया।
वो पागल क्या जाने शायरी, बार-बार वो यही दोहराते रहे।।

जिन्दगी भर रुलाते रहे अब मरे को क्या रुलाने आओगे।
सज-धज कर अब तुम किसे नखरे दिखाने आओगे।।
घर आने के तो फिर भी लाखों बहाने होते हैं।
अब श्मशान में क्या फूल चढ़ाने के बहाने आओगे।।

इतने प्यार से सहलाओगी तो सारे जख़्म सी जाएंगे।
ना मिलाओ हमसे नजरें तेरी आंखों का अमृत पी जाएंगे।।
इतने प्यार से मत देखो हमारे जनाजे को।
तेरी आंखों में प्यार देखकर हम वापस जी जाएंगे।।

मैंने तुम्हें थमाया दिल और तुमने तोड़ दिया।
तो टूटा दिल लेकर ही जिन्दगी गुजारी मैंने।।
तेरे प्यार में हुआ ऐसा बर्बाद मैं।
फिर चाहते हुए भी ना जिन्दगी संवारी मैंने।।

सबसे अलग सबसे अजीब है वो।
मेरी जिन्दगी मेरा नसीब है वो।।
वो जानबूझ कर अनदेखा कर जाती है।
फिर भी दिल को बहुत अजीज है वो।।

सताते रहते हैं ख्याल हरदम मोहब्बत के।
महबूब की गलियों में रहते हैं कदम मोहब्बत के।।
सब कुछ सहन कर लूंगा दगा मत देना कभी।
क्योंकि सदियों तक नहीं भरते जख़्म मोहब्बत के।।

दुआ करने वाले तेरी दुआ में असर नहीं जरा भी।
तू बेशक कह मुझे पत्थर पर मैं पत्थर नहीं जरा भी।
जब तू मेरी आंखों से आंखें मिलाकर देखेगा।
तब मालूम पड़ेगा तुझे मेरी आंखों में नस्तर नहीं जरा भी।।

करवट बदल-बदल कर निकलता है हर लम्हा।
रातों को नींद नहीं लेने देते ख्याल तेरे।
एक पल के लिए भी चैन नहीं आता।
दीवानों जैसे हो गए हैं हालात मेरे।।

जितना तेरे पास आऊंगा तू उतनी ही दूर भागेगी।
क्या पता था तेरी जिद इतनी मशहूर हो जाएगी।।
ये तो ख्वाब में भी ना सोचा था मैंने।
जितना नजदीक आऊंगा दूरियां उतनी ही दूर हो जाएंगी।।

होंठों पर आहें आंखों में उसकी बादल रहता है।
तेरे दीदार को बेकरार वो पल-पल रहता है।।
बता तू क्या नाम देगी अपनी तरफ से।
ये जहां तो तेरे दीवाने को पागल कहता है।।

मरने के बाद खुदा से पूछेंगे दिल क्यों बनाया।
मोहब्बत को जुदाई का रोग क्यों लगाया।।
जब फूल हाथ लगने से ही मुरझा जाते हैं।
तो फिर फूलों को कांटों के संग क्यों लगाया।।

अगर तू तूफान है तो मैं दिल में बसाऊंगा तुझको।
तू पत्थर है तो मैं मोहब्बत से पिघलाऊंगा तुझको।।
कहती हो दिल में तस्वीर किसने देखी है।
सब्र रख सीना फाड़के एक दिन तस्वीर दिखाऊंगा तुझको।।

तुम सा नहीं मिलेगा चांद सितारों में।
हां तुम खूबसूरत हो लाखों-हजारों में।।
लेकिन गरुर हुस्न को चाट जाता है।
और तुम्हारी गिनती होती है उन्हीं बीमारों में।।

कभी ना कभी मान जाओगी धड़कता है दिल इसी एतबार पर।
मैंने तेरा ही नाम लिखा है मोहब्बत की हर दीवार पर।।
नखरों, बेवफाई और सितमों की भी हद होती है।
बहुत हो गया अब इन हदों को तो ना पार कर।।

तुमने एक भोले-भाले बन्दे को बिगाड़ दिया।
अमृत का देकर लालच जहर देकर मार दिया।
जब मिलाई उसने तुम्हारी नजरों से नजरें।
तो तुमने नजरों का खंजर उसके सीने में उतार दिया।।

तुमने जी भरकर खेला दिल को खिलौना समझकर।
जी भर गया तो खिलौने और पसंद कर लिए।।
जब तक जरूरत थी दिल तक खुला रखा।
जरूरत ना रही तो घर के दरवाजे तक बंद कर लिए।।

मेरी वफा को तुमने बेवफाई का नाम दिया है।
मेरी दीवानगी को तुमने पागलपन का नाम दिया है।।
आगाज़ किया था मैंने तुमसे मोहब्बत का।
दिल तोड़कर मेरे आगाज़ को तुमने अन्जाम दिया है।।

अपना घर बसा लिया तुमने मेरा घर उजाड़ के।
चन्द लम्हें भी ना दिए तुमने अपने प्यार के।।
खुदा को मेरा छप्पर भी गंवारा ना हुआ।
लोगों को दे दिया उसने छप्पर फाड़ के।।

इस पागल को जितना भटकना था भटक लिया।
अब कहीं ना जाएगा ये दिल ऐसा ठहरा है।।
इन आंखों के मयखाने में डूब जाने दे मुझे।
मैं भी तो देखूं ये सागर कितना गहरा है।।

तुम्हें ख्वाबों की ताबीर बना रखी है मैंने।
तुम्हें हाथों की लकीर बना रखी है मैंने।।
पढ़ने के बहाने देख लेता हूं अक्सर।
किताबों में तेरी तस्वीर छुपा रखी है मैंने।।

किसे सुध है शमा के साथ जलने वाले परवानों की।
दुनियां के बाजारों में कोई कीमत नहीं इन नादानों की।।
जो भी करता है मोहब्बत मिट जाता है वो।
अंत में बस कहानी ही बनती है दीवानों की।।

सारी उम्र खिलौना समझकर खेलती रही दिलों से।
तभी तो तकलीफ होती है तुम्हें प्रेम-रस पीने में।।
मैं पागल हूं जो कोशिश करता हूं पिघलाने की।
आखिर धड़के भी कैसे जब दिल ही नहीं सीने में।।

तुम्हें पाने की आरजू में मेरी मुक्ति ना हो पाई।
तेरी ही चाहत ने नए-नए जन्म दिए हैं मुझको।।
मै हर ज़न्म मे तुझको दिल देता आया हूं।
तुमने हर जन्म में नए-नए कफन दिए हैं मुझको।।

तेरे गालों के भंवर में ऐसे डूब गए हम।
कि जिन्दगी भर इनसे उभर ना पाएंगे।।
इनसे बाहर निकले तो भी मर गए समझो।
और बाहर न निकले तो भी मर जाएंगे।।

दो दिल मिल जाते हैं दीवानों के।
मगर उनकी तकदीर कभी नहीं मिलती।।
चाहे पत्थर खाओ चाहे मज्झे चराओ।
मगर उनको लैला या हीर कभी नहीं मिलती।।

कौन लांघ सका है शीशे की ऊंची-ऊंची दीवारों को।
कौन मिला सका है आज तक दरिया के किनारों को।।
थोड़े बहुत फासले कम हो जाते पर इतनी दूरियां कैसे मिटतीं।
धरती के इंसान ने चाहा था आसमान के सितारों को।।

लुक-छिपकर दूर से इशारा करती हो।
हर घड़ी मेरा ही नाम पुकारा करती हो।।
जब नजरों से नजरें और दिल से दिल मिल गया।
तो फिर पास आने से क्यों किनारा करती हो।।

ना कांच टूटने का डर ना पत्थरों का भय।
ना जाने कैसे रहते हैं लोग शीशे के मकानों में।।
हमने तो एक छोटा सा आशियां बनाया था।
और वो भी घिर गया नफरत के तूफानों में।।

कभी ना गिरते आंसू कभी ना भीगती पलकें हमारी।
जो इन आंखों ने ख़्वाब तेरा सजाया ना होता।।
कभी मयखाने की जरूरत ना पड़ती मुझको।
जो दिल पर तुमने जख़्म लगाया ना होता।।

कितने आंसुओं के दरिया पार कर आया मैं।
कितने और इम्तिहानों से तुम गुजारोगी मुझे।।
अरे तुझे देखकर तो वैसे ही मर गया मैं।
अब क्या जान से भी तुम मारोगी मुझे।।

बेशक प्रेम का प्याला समझ या जुदाई का जहर।
जिस बीमारी से मरा हूं वो रोग तुमने ही दिया है।।
ये जो पूछते हैं बार-बार मेरे मरने का कारण।
कह दो इनसे कि ये कत्ल हमने ही किया है।।

जो कभी घर तक ना आया वो कब्र तक जा रहा है।
देखो मेरा कातिल मेरी मैय्यत पर आंसू बहा रहा है।
जीते जी मेरे मरने की दुआएं मांगता रहा।
मरने के बाद पता नहीं कौन सी रस्में निभा रहा है।।

दूर से चिढ़ानेवाली क्यों नहीं मेरे हाथ आती हो।
तुम मेरे ख़्वाबों में सारी-सारी रात आती हो।।
मैं सितारों की सैर करूं चाहे चांद पर जाऊं।
हर सफर में तुम मेरे साथ जाती हो।।

मैंने उनको रोकना चाहा तो वो शर्माकर चले गए।
एक पल के लिए उठाई पलकें और झुकाकर चले गए।।
मैंने पूछा क्या है तुम्हारे दिल में मेरे लिए।
वो कुछ ना बोले दांतों में उंगली दबाकर चले गए।।

अब और मारा ना जाएगा वो इतना मर चुका है।
उसके सिर से ज़ुनून मोहब्बत का उतर चुका है।।
अब छत पर खड़ी-खड़ी किसे देखती हो तुम।
तेरे दीवाने का जनाजा तो तेरी गलियों से गुजर चुका है।।

कितने चक्कर कल लगाए थे कितने लगाए हैं आज।
कितने कोस चला तेरा नाम लेकर सनम गिनता रहता हूं।
मेरे घर और तेरे घर के बीच कितना फासला है।
तेरी गलियों में आते वक्त मैं कदम गिनता रहता हूं।।

दिल की लगी ने आग लगा दी दिल में मेरे।
अब तो हर घड़ी हर पल देखूं मैं रस्ते तेरे।।
जहां तेरे आने की उम्मीद ना हो वहां भी चला जाऊं।
तेरी एक झलक के लिए लगते हैं जाने कितने फेरे।।

गहरी नींद सोते हैं चाहे कितनी लम्बी हो रातें।
किसी की गलियों की हम ठोकरें नहीं खाते।।
दिल कब आता है धड़कनों में कौन समाता है।
ये प्यार मोहब्बत की बातें हम नहीं जानते।।

दीवाने दिल के बहकावे में आ गए हम भी।
एक हसीना से आंखें लड़ा आए हम भी।।
जब सारी दुनिया को दीवानी होते देखा।
तो प्यार के मैदान में छा गए हम भी।।

अकेले खुद से ही बातें करने लगे।
उन्हें देख दिन-रात आहें भरने लगे।।
अपनी परछाईं देखते ही घबरा जाते हैं।
तन्हां रहते-रहते साये से भी डरने लगे।।

तेरी हर अदा हर सितम पर शेर लिखा है मैंने।
तेरी आंखों तेरी जुल्फों को कुबेर लिखा है मैंने।।
गम तो इसी बात का है जिसने हमसे दुश्मनी निभाई।
उसी दुश्मन को मोहब्बत का पका हुआ बेर लिखा है मैंने।।

सोते-जागते उठते-बैठते मुझे याद आती हो तुम।
मेरी नींदें मेरा चैन करने बर्बाद आती हो तुम।।
मैं हारकर चला जाता हूं जब तेरी गलियों से।
उन्हीं गलियों में मेरे जाने के बाद आती हो तुम।।

उसे ही छूना पसंद करूंगा जो जलता हुआ अंगारा हो।
उसे ही पीना चाहूंगा जिसकी आंखों में मयखाना सारा हो।।
मोहब्बत के दरिया में छलांग लगाने का मजा तभी आएगा।
जब दूर बहुत दूर मोहब्बत के दरिया का किनारा हो।।

पहली ही नजर में नजर आए जुदा सबसे।
खुदा के दर पर जाकर मांग लिया तुम्हें रब से।।
बाल बिखरे चाल कातिल गाल गुलाबी।
तेरी इन्हीं अदाओं का इंतजार था मुझे कब से।।

मेरी मोहब्बत का जवाब इस तरह आया।
मेरे प्यार का हिसाब इस तरह आया।।
मैंने जितने भी भेजे उनके लिए गुलाब।
पांच रुपए का उन्होंने हर-एक गुलाब बताया।।

मेरी वफाओं पर डालोगी तुम और कफ़न कितने।
तेरी खातिर सहने पड़ेंगे मुझे और सितम कितने।।
कितने जन्म ले चुका तुम्हें पाने की तमन्ना में।
तुम्हें पाने के लिए लेने पड़ेंगे और जन्म कितने।।

तुमने तड़पते हुए को कत्ल करके पुण्य का काम किया है।
पर एक और पुण्य अभी कमाना बाकी है।।
ये पुण्य का काम भी करती जाओ।
ओ कत्ल करने वाले अभी दफनाना बाकी है।।

खुशबू के बगैर फूलों का खिलना कैसा।
जुदाई के बगैर मोहब्बत में मिलना कैसा।।
यूं तो हम सैकड़ों मील दौड़ सकते हैं।
पर तेरे बगैर एक कदम भी चलना कैसा।।

मैं एक टूटा खिलौना हूं इसमें जान मत समझना।
दुआएं करता हूं सबके लिए पर भगवान मत समझना।।
मुझे तो लाश में तब्दील हुए सदियां गुजर गईं।
अब भूलकर भी तुम मुझे जिन्दा इन्सान मत समझना।।

कितना कड़वा होता है जहर जुदाई का।
मोहब्बत पर दाग लगता है बेवफाई का।।
कभी हम भी महफिलों में रहा करते थे।
मगर आज जमाना है तन्हाई का।।

सांसें खत्म होने पर भी जिए जा रहा हूं।
प्यास है कि बुझती नहीं पिए जा रहा हूं।।
अब तुमसे बिछड़ने का गम ना होगा।
मैं अपने साथ तेरी तस्वीर लिए जा रहा हूं।।

हर वफा नाकाम हर मोहब्बत बदनाम हुआ करती है।
जो करता है प्यार उसकी जिन्दगी वीरान हुआ करती है।।
भूल से भी इस रास्ते पर कदम ना रखना कभी।
ये वो रास्ता है जिसकी मंजिल श्मशान हुआ करती है।।

तेरी नजरों का तीर मेरे सीने में उतर गया।
एक सीधा-साधा और मोहब्बत करके बिगड़ गया।।
मेरे उजड़ने का गम नहीं खुशी होगी तुझे।
कि तेरे दीवाने में एक नाम और जुड़ गया।।

इस शहर में दीवानों की कमी नहीं कोई।
सारे आसमान में उड़ते हैं यहां जमीं नहीं कोई।।
जो भी आता है गम देकर चला जाता है।
यहां गम लेने वाला हमनशीं नहीं कोई।।

जुदाई रहने दे अब मिलने की बातें ना कर यार मेरे।
मुझे मेरे हाल पर छोड़ दे तू हमेशा खुश रहना प्यार मेरे।।
दिल के तारों से मोहब्बत के सुर निकालने की कोशिश ना कर।
अब क्या निकलेंगे सुर जब टूट चुके दिल के तार मेरे।।

प्यार के पत्ते नफरत की आंधियों में घिर गए।
तुमने उजाड़ना चाहा और हम हंसते-हंसते उजड़ गए।।
मुर्दे बदन पर कफन डालने का रिवाज था।
तुम मरहम लगाकर एक और जख्म कर गए।।

ओ नफरत के दरिया में तैरने वाले।
एक दिन तुझे प्यार के सागर में उतारूंगा।।
मेरी जान लेने वाले ख़ुद ही कह उठेगा तू।
मैं भी तुझ पर अपनी जान वारूंगा।।

तेरी बनाई दुनिया का जवाब नहीं मौला।
कितनों पर हुए जुल्म इसका हिसाब नहीं मौला।।
पहले तो फूल मिलते ही नहीं यहां।
मिले भी तो कांटों के बिना कोई गुलाब नहीं मौला।।

इतना प्रेम मत जताओ कि रुसवाई सह ना सकें।
इतनी वफा मत दिखाओ कि बेवफाई सह ना सकें।।
थोड़ी-थोड़ी नाराजगी थोड़ी-थोड़ी दूरियां बनाए रखो।
इतने करीब मत आओ के जुदाई सह ना सकें।।

बेवफाई की आंधियों से उजड़ा है आशियां मेरी वफाओं का।
मेरे दिल में खून हुआ है मेरी मासूम तमन्नाओं का।।
आखिर तोड़ ही डाला उसने दिल को मेरे।
पत्थर पर कोई असर ना पड़ा मेरी आहों का।।

कैसे भूलूं अपने जख़्मों और तेरी बेवफाइयों को।
जो गुजारी रो-रोकर उन तन्हाइयों को।।
आज भी सोचता हूं तो मन में पीड़ा उठती है।
कि मैंने कितना सहा है तेरी रुसवाइयों को।।

मेरे होठों पर कुछ नहीं तेरी कहानियों के सिवा।
मैंने मोहब्बत में पाया क्या है बदनामियों के सिवा।।
दिल को प्रेम और वफा भी तो बख्शो।
क्या दिया है आज तक तुमने मुझे परेशानियों के सिवा।।

मेरा दिल तेरी सितारों भरी चुन्दर में डूब गया।
तेरी चांदी की पायल सोने के मुंदर में डूब गया।।
बाकी के तो सारे दरिया पार कर गया।
मगर मेरा प्यार तेरे नफरत के समन्दर में डूब गया।।

ये मोहब्बत रातों को ना सोने देती है मुझे।
ना हसने देती है ना ये रोने देती है मुझे।।
मुझसे तुम तो जुदा हो गए कब के।
मगर तेरी यादों से ना ये जुदा होने देती है मुझे।।

शीशा समझ के पत्थरों से ठोकरें खाई हैं हमने।
तेरी बेवफाइयों को भूल वफा निभाई है हमने।।
वक़्त के साथ जख़्म तो भर ही जाएंगे।
पर निशान ना मिलेंगे ऐसी चोट खाई है हमने।

अन्जाने में ही सही मोहब्बत का गुनाह कर लिया।
मैंने सारा जीवन एक बेवफा के पीछे तबाह कर लिया।।
पहले दिल जला उसके प्यार में शमा की तरह।
फिर उस आग में खुद को ही स्वाहा कर लिया।।

बनना चाहता था क्या-क्या पर दीवाना बनके रह गया।
तेरी आंखों से पी इतनी कि मयखाना बनके रह गया।।
मेरी नजरें रहती थीं निशाने की तलाश में हर पल।
जब से तुझको देखा मैं खुद निशाना बनके रह गया।।

चली गई छोड़ के मीठी-मीठी यादों को।
जितने किए भूल गई उन सब वादों को।।
ओ डोली चढ़ने वाली क्या ये ख़्याल नहीं आया तुम्हें।
तेरे पीछे कौन सुनेगा मेरी मोहब्बत भरी बातों को।।

तंग आ गया मैं तेरी गलियों के चक्कर से।
मैं सड़कों पर खड़ा रहूं तू ना निकले घर से।।
अब तो मन ये तक सोचने लगा है।
कि जिसकी मंजिल नहीं क्या फायदा ऐसे सफर से।।

तुम बेशक अनदेखी कर देना मैं खफा ना होऊंगा।
हर पल साया बनके तेरे पीछे-पीछे आऊंगा।।
ये मोहब्बत एक जन्म की नहीं मेरी।
सात जन्म तक मैं तेरे पीछे-पीछे आऊंगा।।

शिकवे-शिकायतों से ही सही होंठों पर इजहार तो आया।
मेरी तरसती नजर को तड़फते जिगर को करार तो आया।।
यूं तो उन्हें पाने के लिए कयामत से बेताब हूं मैं।
चलो कयामत के बाद ही सही उनको प्यार तो आया।।

ना हम बुरे ना ही हमारा चरित्र बुरा है।
हमको ना चाहने की उनके पास ऐसी कोई वजह नहीं।।
हां ये हो सकता है कि अपने दिल के साथ-साथ।
मेरा दिल रखने की उनके सीने में जगह नहीं।।

गले बेशक लगा लो मगर बेवफाई ना करना कभी।
ओ मुझ पर मरने वाली, किसी और पर ना मरना कभी।।
वादा रहा तेरे लिए अंगारों पर चल लेंगे हम।
मगर तुम भी अंगारों पर चलने से ना डरना कभी।।

बहार आए या पतझड़ फूल बनके खिलते रहेंगे।
जुबां हिले या ना हिले हाथ जरूर हिलते रहेंगे।।
मेरी नजरों से जिन्दगी भर जुदा ना हो पाओगे तुम।
अब तो हर मोड़ पर तुमको हम मिलते रहेंगे।।

बेचैनी और बेकरारी से शुरू हुई मोहब्बत।
आंसुओं और आहों पर खत्म हो गई।
प्यार में चार कदम ही साथ ना चल सकी।
नफरत से शुरू होकर नफरत में ही खत्म हो गई।।

तेरी बेरुखी को सितम समझूं या अदा समझूं।
नीची निगाहों को प्रेम समझूं या लज्जा समझूं।।
तुम्हें दिल की गहराइयों में उतारकर भी।
मैं समझ नहीं पाया आज तक तुम्हें क्या समझूं।।

चार कदम साथ चलके जुदा हो गए तुम भी।
वफा की कसमें खाकर बेवफा हो गए तुम भी।।
हर मोड़ पर कोई ना कोई बिछड़ता आया है मुझसे।
इस मोड़ पर जाने कहां खो गए तुम भी।।

हम दिन रात उनकी मोहब्बत में जलते रहे।
वो जलना तो दूर मचलना भी पसंद नहीं करते।।
जिन राहों पर हम खड़े हों उनके दीदार के लिए।
उन राहों पर वो चलना भी पसंद नहीं करते।।

मत पूछो बद्दुआ देने वाले को कब दुआ की याद आई।
जब हुई उनके साथ बेवफाई तब उनको मेरी वफा की याद आई।।
यूं तो वो सारी उम्र ही जख़्म पर जख़्म देते रहे।
पर जब चोट लगी उनको तब उन्हें दवा की याद आई।।

उसके होंठों की दुआ मिली ना दिल की वफा मिली।
उसके हाथ का जहर मिला ना उसके हाथ की दवा मिली।।
इकरार करती तो जिन्दगी बन जाती इन्कार सुनके भी जी लेते।
मगर वो इकरार कर सकी ना इन्कार कर सकी हमें ऐसी बेवफा मिली।।

पहली बार देखकर तेरे बारे में हर कोई यही कहेगा।
खुदा ने चांद उतारा है धरती पर।।
जो भी तेरे करीब जाएगा समझ जाएगा वो।
कि जिसे चांद समझा था निकला वो पत्थर।।

कभी तुम्हें चाहते रहने के कभी भूल जाने के।
इसी तरह के दिल में जाने क्या-क्या सवाल आते हैं।।
जिन्दगी से चली गई तो दिल में बसाकर क्या करूंगा।
जो ना सोचे थे कभी ऐसे-ऐसे ख़्याल आते हैं।

जब-जब दिल का रोग बढ़ा हद से दवा दे दी तुमने।
जब-जब लगा तू बेवफा है थोड़ी सी वफा दे दी तुमने।।
तेरी अदा तेरा हुस्न देखकर सीने में चिंगारी जल पड़ी।
दिल की आग और ज्यादा भड़काने के लिए जुल्फों से हवा दे दी तुमने।।

आंसुओं के धागों से जख़्मों को कब तक सी पाएंगे।
आह की तीखी सुइयां खाकर कब तक जी पाएंगे।।
जहर देनेवाला अमृत की बूंदें भी बरसाएगा कभी।
अमृत की उम्मीद में हम कब तक जहर पी पाएंगे।।

हमने तो चाहा पर तुमको हमसे प्यार ना हुआ।
मुझे तड़पता देख भी तेरा दिल बेकरार ना हुआ।।
जब भी कहना चाहा जुबां पर ताले पड़ गए।
सबसे कह दिया मगर तेरे सामने इजहार ना हुआ।।

जब तक रहता है सीने में बड़ी शामत होती है।
दिल देना ही पड़ता है ये अमानत होती है।।
जब तक किसी पर ना आए तो बेचैन रहे ये।
अगर आ जाए किसी पर तो भी कयामत होती है।।

यूं तो मिलता-जुलता है उसका नाम खुदा के नाम से।
पर मेरे गांव में वो मशहूर है बेवफा के नाम से।।
ना वो किसी को दुआ देती है ना ही किसी के लिए मांगती है।
मैं फिर भी जोड़ता हूं उसका नाम दुआ के नाम से।।

हंसी-खुशी डोली चढ़के मुझे रोता-चिल्लाता छोड़ गई वो।
एक ही पल में सदियों पुराना मोहब्बत का नाता तोड़ गई वो।।
तेरी तरफ देखकर दो आंसू क्या टपकाए उसने।
मुझे सारी जिन्दगी के लिए आंसू बहाता छोड़ गई वो।।

तेरी तस्वीर तेरे खत जला आए हम।
तेरी याद मन से भी मिटा आए हम।।
फिर क्यों आता है तेरा चेहरा बार-बार सामने।
जबकि दिल से भी तुझको भुला आए हम।।

कभी किया करता था मैं तुमसे बेइन्तहा मोहब्बत।
इसी बात से आज मैं इन्कार करता हूं।।
कल तक तुमने ठुकराया था मुझे हर मोड़ पर।
ले आज मैं तेरा बहिष्कार करता हूं।।

जैसे मैं तड़पा तू भी तड़पे उसी तरह।
मुझे बेचैन करने वाली चैन तुझे भी ना मिले।।
तू भी तड़पे सारी जिन्दगी किसी के प्यार को।
मगर प्यार की ठंडी रैन तुझे भी ना मिले।।

दिल टूट जाएगा मत लगा यारी पत्थरों से।
कुछ भी हासिल ना होगा शीशे के घरों से।।
मोहब्बत की गली से वापस ना आया कोई भी।
यार भी ना मिलेगा और गिर जाएगा लोगों की नजरों से।।

जब तोड़ा तुमने दिल मैंने दिल लगाना छोड़ दिया।
अब तो तेरी गलियों से भी आना-जाना छोड़ दिया।।
जब रो-रोकर आंखों से आंसू सूख चले।
तो हमने आंखों से आंसू भी बहाना छोड़ दिया।।

पल भर का दुख नहीं जिन्दगी भर का रोना है।
जी भरके खेलो ये मेरा दिल नहीं खिलौना है।।
मैंने शिकवा करना छोड़ दिया मोहब्बत का हाल देखकर।
जो हाल हुआ मजनू का वही हाल मेरा होना है।।

अरे जालिम जिसने तेरे घर पर लाखों एहसान किए।
उसकी नेकी को तुमने कचरे के डिब्बे में डाल दिया।।
जो बनके पहरेदार करता था तेरे घर की रखवाली।
आज उसी पहरेदार को तुमने घर से निकाल दिया।।

तुम आए नहीं और तुम्हारे बिना मैं जी ना पाया।
आंसू बरसे झड़ियों की तरह तो मैं पी ना पाया।।
जुदाई के घाव मुद्दतों तक भर ना सके।
जुदाई के घावों को वक्त के धागों से मैं सी ना पाया।।

तुमने हमें तड़पाया भी तो तुम्हें क्या मिलेगा।
तुमने हमें भुलाया भी तो तुम्हें क्या मिलेगा।।
कभी फुरसत मिले तो सोचना ए दोस्त।
क्या दुनिया में तुम्हें दोस्त हम सा मिलेगा।।

हमने कितने नफरत के दरिया पार कर लिए।
वो जरा सी दूरी भी ना लांघ सके।।
हमने दुनिया की सारी रस्में तोड़ डालीं।
वो अपना गरुर भी ना बांध सके।।

तेरे दिए जख़्मों के दागों को आंसुओं से धो लूंगा।
तेरी गली में ना आऊंगा तेरे ख्यालों में खो लूंगा।।
तुम्हें ना दिखाऊंगा अपने आंसू जिन्दगी भर।
जब मन होगा भारी तेरी तस्वीर के आगे रो लूंगा।।

कोई भी वादा झूठा ना किया आज तक।
कसमें भी मैंने पूरी वफा से निभाई हैं।।
लोग तो प्यार में दिल ही देते हैं।
मैंने दिल के साथ जान भी लुटाई है।।

आंखें तेरी शराब का मयखाना हो जाए।
तेरी चाल के पीछे पागल जमाना हो जाए।।
जुल्फें काली घटाएं उस पर ये कातिल अदाएं।
तुमको देखकर कैसे ना कोई दीवाना हो जाए।।

हम तेरी आंखों के नस्तर कब तक सह पाएंगे।
तेरी गलियों के चक्कर हमको कितना और झटकाएंगे।।
तुम्हें पाने के लिए पता नहीं कितने जन्म ले चुका।
ना जाने कितने जन्म और तुम्हें पाने में लग जाएंगे।।

ना डूबते शराब के नशे में हम कभी।
तेरी आंखों के मयखाने का जो सहारा मिलता।।
सारी उम्र खड़े रहते हम तेरी राहों में।
तेरा जरा सा भी जो हमको सहारा मिलता।।

बनके मीठा सा दर्द मेरे जिगर में चुभ गई वो।
एक झलक दिखाकर जाने कहां छुप गई वो।।
मैं बातों-बातों में उनको चांद कह बैठा यारों।
तभी लगता है शायद बादलों में कहीं छुप गई वो यारों।।

कुछ तेरी आंखों का इशारा था कुछ तेरी दीवानगी ने मारा था।
एक तीर से दो शिकार हुए एक दिल तेरा एक हमारा था।
जब दो जिस्म टकराते तो आग क्यों ना भड़कती।
क्योंकि तू भी कंवारी थी और मैं भी कंवारा था।।

दिल में डेरा लगाया था यार के।
पतझड़ बनके निकल गए दिन बहार के।।
आज मालूम हुआ कितने मुश्किल होते हैं।
दो पल भी गुजारने इन्तजार के।।

तेरा पैसा नहीं हमको तेरा प्यार चाहिए।
दिल पड़ा है खाली रहने के लिए दिलदार चाहिए।।
अकेले कांटों पर भी चला ना जाएगा।
अब तो साथ में फूल भी बेशुमार चाहिए।।

अरे वो तो मोहब्बत का झांसा देकर।
बस अपना काम निकालते हैं।।
हमने सुना है कि वो पहले दिल।
फिर वो जान निकालते हैं।।

तेरी गालियां लिखूं कि अपनी दुआ लिखूं।
मेरी समझ में नहीं आता मैं क्या लिखूं।।
तेरी बेवफाई लिखता हूं तो भी तौहीन होगी।
इसलिए मैं सोचता हूं कि कुछ भी ना लिखूं।।

हमने कैसे मनाया नए साल की बात ना पूछो यारों।
कितनी बार हुई आंखों से आंसुओं की बरसात ना पूछो यारों।।
मोहब्बत के जाल में ना फंसते तो हम भी हंसते।
कैसे-कैसे मेरे मन में आए ख़्यालात ना पूछो यारों।।

जुबां से बोल देते इतनी हिम्मत ना थी।
और समझ ना पाए वो आंखों के इशारे।।
बस बदन पर ही अटकी रही नजरें उनकी।
और देख ना पाए वो दिल को हमारे।।

मेरे आंसुओं और मेरे ज़ख़्मों से वो बेखबर ही रहा।
जब भी देखा उसने मुझे आंखों से उसकी नस्तर ही रहा।।
सोचा था एक ना एक दिन आखिर पिघल ही जाएगा।
मगर जिस पत्थर को हमने खुदा माना वो पत्थर ही रहा।।

जो मुख है सवेरा तो जुल्फें काली रात हैं उनकी।
जो आंखें हैं तलवार तो जुबां रस की बरसात है उनकी।।
मैंने दिल भी सौंप दिया उन्होंने कुछ ना बख्शा।
बस दिल बहलाने के लिए तस्वीर ही हमारे पास है उनकी।।

जिसके पास जज्बात ही ना हो उसे।
दिल की जरूरत हुआ नहीं करती है।।
क्यों एहसास दिलाना चाहता है अपने प्यार का।
पत्थरों को कभी मोहब्बत नहीं हुआ करती है।।

बेचैनी बसी है बेकरारी बसी है।
मेरी आंखों में सूरत तुम्हारी बसी है।।
दिल ना तोड़ना मर जाएंगे वर्ना।
दिल में धड़कन नहीं जान हमारी बसी है।।

मेरे दिल में मोहब्बत की तमन्ना जगाने वाले।
एक ही पल में मुझको अपना बनाने वाले।।
पहले नजरों को भाया फिर दिल में समा गया।
कौन हो तुम ओ मेरे ख्वाबों में आने वाले।।

इस तरह गलियों में खड़ा तेरा इन्तजार करने वाला।
तेरे लिए आंखों से मोतियों की बौछार करने वाला।।
दौलत शोहरत दुनियां सब कुछ मिल जाएगा तुम्हें।
पर क्या मिल सकेगा तुम्हें मुझ सा प्यार करने वाला।।

जिन्हें कटवा रही हो तुम बाल समझ के।
तेरी इन्हीं जुल्फों ने बनके नागिन जान डसी है हमारी।।
तू मत चलवा कैंची अपनी जुल्फों पर।
अरे जालिम तेरी इन जुल्फों में जान बसी है हमारी।।

हम जुदाई का जहर पिएंगे आपके लिए।
जीने की तमन्ना नहीं मगर जिएंगे आपके लिए।।
आपका सदियों तक इन्तजार कर लेंगे हम।
आपके केवल एक पल के साथ के लिए।

मैं ऐसी बीमारी लगा बैठा नहीं जिसका कोई नाम।
ना दुआ का असर हो ना ही दवा करे काम।।
डॉक्टरों ने जवाब दे दिया हकीम भी असमंजस में पड़ गए।
मेरे मरने से पहले ढूंढ़ लो वर्ना नहीं मिलेगा श्मशान।।

तेरा प्यार मिला है उसे छोड़कर कहां जाएंगे।
अपनी पहली मोहब्बत को हम दास्तां बनाएंगे।।
अपने महल के आगे कुछ जगह छोड़ देना।
तेरे महल के आगे हम भी अपनी झोंपड़ी बनाएंगे।।

तेरी सारी खताएं दिल से भुलाते आए हैं हम।
तेरा हर जख़्म सीने से लगाते आए हैं हम।।
तुम पिघलो या ना पिघलो मुझे कोई फर्क नहीं।
क्योंकि पत्थर को मानकर खुदा उसे चाहते आए हैं हम।।

जब से समाया कोई मेरे सूने दर्पण में।
प्यारा और भी जाग उठी प्यासे मन में।।
जब से वो गले लगकर गए हैं।
उनकी ही खुशबू भरी है मेरे बदन में।।

उनके प्यार के लिए हर सितम झेलेंगे।
आसमान का पानी अपनी आंखों में ले लेंगे।।
कभी ना कभी तो उनका दिल भर आएगा।
देखते हैं इस तरह वो कब तक दिल से खेलेंगे।।

कसमों वादों से इतने अन्जान भी नहीं।
प्यार किया है तो निभाना भी जानते हैं।।
ये नहीं कि कांटों से दामन बचा लेंगे।
तेरे लिए खुद को मिटाना भी जानते हैं।।

तेरी गलियों में खड़े रहे फिर भी दीदार ना हुआ।
तेरी खातिर किस-किस से मैं दो-चार ना हुआ।।
तेरे लिए बार-बार आया मैं मरकर।
फिर भी तुम्हें मुझसे प्यार ना हुआ।।

उन्हें अपने प्यार का यकीन दिलाऊं कैसे।
दिल की बात उन तक पहुंचाऊं कैसे।।
सागर तो रेगिस्तान के उस पार है।
मैं बिना सागर के प्यास बुझाऊं कैसे।।

बेचैन दिल का ना निकले कोई हल।
उनके आगे से जाता हूं मैं निकल।।
क्या मोहब्बत ऐसी ही होती है।
चैन से बैठने ना दे ये एक पल।।

ना दिल का ना ही आंखों का कसूर है।
आज बेगाने पास और तेरे अपने तुझसे दूर हैं।
चाहत भी बदल जाएगी और नजरिया भी बदल जाएगा।
कुछ नहीं ये तो बस जवानी का सरूर है।।

अपना ख़्याल छोड़ उनके लिए फरियाद करना।
अपनी सारी खुशियों को नजर अंदाज करना।।
फिर भी ये पत्थर दिल नहीं पिघलते।
क्योंकि हुस्न वालों का काम ही है बर्बाद करना।।

मत पत्ते इकट्ठे करो सागर के किनारे।
क्या पता सागर आशियां ही बहा ले जाए।।
दिल की कशिश मिटानी है तो आज ही मिटा लो।
कल पता नहीं मुकद्दर कहां ले जाए।।

उनके बिना हमारा कोई नहीं दुनिया में।
हमें वो सारे जहां में तन्हां कर गया।।
अपने नसीब में प्यार लिखा ही नहीं शायद।
तभी तो आज तक जिसे भी चाहा वो मुकर गया।।

हुस्नवाले दीवानों को नचाते हैं अपने इशारों पर।
दीवाने ख़्वाबों में पहुंच जाते हैं सितारों पर।।
सागर बहाकर ले गया उन्हें अपने साथ।
जिसने भी अपना आशियां बनाया किनारों पर।।

पहले दिल में धुआं उठा फिर आग उठी।
सीने में सोई मोहब्बत फिर से जाग उठी।।
किसी ने नजरें मिलाई इस तरह हमसे।
कि दिल की हर धड़कन उसके पीछे भाग उठी।।

तुम कैसे आते छोड़कर भरी बहार को।
जब तुमने समझा ही नहीं मेरे प्यार को।।
छोड़कर जाने वाले इतना तो सोचा होता।
तेरी खातिर ठुकरा दिया था मैंने सारे संसार को।।

जब दिल बिना वजह ही घुटने लगे।
अंग-अंग में कोई खुशबू फूटने लगे।।
समझ लेना कि मोहब्बत हो गई।
जब दर्द कोई सीने में उठने लगे।।

तेरे बिना जन्नत की जिन्दगी क्या है।
तेरे साथ तो हर पल नया है।।
तेरे लिए मयखाना छोड़ सकता हूं।
तेरे आगे शराब का नशा क्या है।।

वो नजर आए कलियों और गुलाबों में।
उसी की मिठास घुली है रागों में।।
कभी ताजमहल दिखाए कभी चांद की सैर कराए।
हम उन्हें जाने कहां-कहां ले जाते हैं ख्वाबों में।।

ना तेरा पता मालूम ना तेरा कोई निशां है।
तेरे बिना लगता मुझे ये बेगाना-सा जहां है।।
मेरे महबूब दिल की पुकार सुन ले।
तुझे तेरा दीवाना ढूंढ़े तू कहां है।।

उसके दिए जख़्मों का कभी मलाल ना करना।
वो खुशी दे या गम कोई सवाल ना करना।।
दामन में कांटे समेट सको तो आ जाओ।
वर्ना मोहब्बत का कभी ख़्याल ना करना।।

जिन्दगी एक टूटी-फूटी कहानी के सिवा क्या है।
दिल के सौदे में बेईमानी के सिवा क्या है।।
जहां भी जाएं लोग शक की नजर से देखें।
इस मोहब्बत में बदनामी के सिवा क्या है।।

मंजिल पाकर रहेंगे हम कांटों पर चलने वाले।
अरमान पूरे होंगे दिल में पलने वाले।।
इनकी बातों पर आंसू ना बहाया करो।
यूं ही जलते रहेंगे ये जलने वाले।।

लाखों का दिल तोड़ा मोहब्बत के जहर ने।
लाखों को फकीर बनाया प्यार की लहर ने।।
खुशियों की तलाश में आया था मैं यहां।
पर गमों के सिवा क्या दिया तेरे इस शहर ने।।

खड़े होकर उनकी राहों में उन्हें सुबहो-शाम देखें।
वो नजर ना आए तो हम उनका मकान देखें।।
सब कुछ भूलकर उन्हीं में खो गए हम तो।
जाने क्या होगा मासूम दिल का अब अन्जाम देखें।।

दुनिया कहे जिसे कयामत वो आने पर है।
पुराने घाव पर नए जख़्म वो लगाने पर है।।
देखें बेचारा अब कब तक बचा रहेगा।
दिल उनकी नजरों के निशाने पर है।।

तेरी ही यादों में मेरे आठों पहर जाएं।
तेरे ही नगमें दिल की हर लहर गाएं।।
तेरी बाहों में सदा खोए रहें हम ऐसे ही।
काश! कि ये पल यहीं ठहर जाएं।।

ना दिल में उबाल ना सांसों में जोश है।
वा बेवफा है या ये मेरी किस्मत का दोष है।।
क्या पता खुद को छूकर देखा ही नहीं।
जिन्दा है या मर गए ये अब किसे होश है।।

जो हुस्नवालों का मक्खन सा बदन देखकर फिसलता है।
उसे फिर कभी संभलने का मौका नहीं मिलता है।।
कितना ही टटोलो चाहे उनको कुछ हासिल नहीं होता।
अक्सर उनके सीने में पत्थर ही निकलता है।।

किसी ने इस ढंग से छेड़े दिल के तार।
एक ही पल में पहुंच गया साहिल के पार।।
इन राहों से गुजरना अच्छा लगता है।
मगर डर है जुदा ना हो जाए मिलके यार।।

क्यों दिल को बागी होने पर मजबूर करती हो।
अभी खुद ही डरता है क्या लड़ेगा जमाने से।।
क्यों बार-बार चोट दे रही हो इसको।
अभी दिल काबिल ही कहां हुआ है जख़्म खाने के।।

तेरे बदन की खुशबू आए आंचल में।
तू ऐसा जैसे चांद छुपा हो कोई बादल में।।
कहीं मेरी ही नजर ना लग जाए तुझको।
आ छुपा लूं तुझे मैं नैनों के काजल में।।

तेरा ही चेहरा नजर आए हर नजारों में।
तुझे ही ढूंढ़ें मेरी आंखें लम्बी कतारों में।।
मैं जब भी देखूं तेरी तस्वीर तो लगता है।
जैसे तुम कुछ कह रही हो इशारों में।।

आखिर दिल छीन ही लिया तुमने नजरें लड़ाकर।
कहीं हमसे मुख मोड़ ना लेना प्यार बढ़ाकर।।
हमारे हो चुके तो हमीं में समा जाओ।
अब दूरियां क्यों बढ़ाती हो पर्दे गिराकर।।

कहां वक़्त लगता है सावन में बादल छाने में।
और फिर कहां वक़्त लगता है बारिश के आने में।।
मोहब्बत जवान है मिलन की बेला है।
इतनी देर नहीं किया करते घुंघटा हटाने में।।

आओ डुबकी लगाएं प्यार के समुद्र में।
घर बनाएं एक-दूजे के जिगर में।।
एक-दूसरे की आंखों में झांककर देखें।
कितना प्यार छुपा है किसकी नजर में।।

मन्त्रमुग्ध हो गया तेरी पायल की झनकार से।
होश खो बैठा जब देखा तुमने मुझे प्यार से।।
तुम्हें पाने के लिए मैं कांटों पर दौड़ा इतना।
कि दिल छलनी हो गया फूलों की मार से।।

मेरी बाहों में आ जा तुझे प्यार से मालामाल करूं।
आज सुन ले बयां तुझको दिल का हाल करूं।।
चार बातें कर ले मुझसे प्यार की।
तू दे जवाब मैं तुझसे प्यार का सवाल करूं।।

जब कोई हद से ज्यादा प्यारा लगे।
जन्नत से बढ़कर उसका चौबारा लगे।।
समझ लेना मोहब्बत हो गई उससे।
जब सारे जहां से भी वो न्यारा लगे।।

सच ही तो कहते हैं लोग ये।
सबसे बड़ा इश्क का है रोग ये।।
किसी को कर डालता है पागल।
किसी को दिला देता है जोग ये।।

खुशबू भी ना आई उस गुलाब में।
कांटे ही मिले मुझे पतझड़ के बाग में।।
जब भी दिखाई देता है तेरा चेहरा मुझे।
अक्सर रोता हूं मैं रातों को ख़्वाब में।।

हाय कयामत थी वो अंगड़ाइयां तुम्हारी।
जिसमें छुपी थीं बेवफाइयां तुम्हारी।।
वादा मुझसे करके डोली और की चढ़ गई।
किसी और के लिए बजी शहनाइयां तुम्हारी।।

उनकी गलियों में हम बनके दीवाने आ जाते हैं।
जब भी जी चाहे दिल की कशिश मिटाने आ जाते हैं।।
दिन में तो उनका पीछा हम नहीं छोड़ते।
रातों को ख्वाबों में वो सताने आ जाते हैं।।

तेरे जिस्म में शोले भरे हैं कितने।
तेरे मोतियों से चमकते अंग खरे हैं कितने।।
कितनों को पागल किया कितने ही घायल हुए।
ना जाने तेरी जवानी देख मरे हैं कितने।।

आज की लैलाओं की अदा जरा हटके है।
कभी प्यार जताए कभी गुस्से से पैर पटके है।।
ये जब मुस्करा के कह देती हैं बाय-बाय
दिल क्या दिल्ली हिला दें ऐसे-ऐसे इनके झटके हैं।।

तुमने भी मुझे वही समझा जो और समझते थे।
लोगों का क्या लोग तो आवारा और चोर समझते थे।।
तुमने किया बर्बाद मुझे रो-रो कर करता रहा ये याद तुझे।
मेरा दिल चिल्लाता रहा पर तुम कहां दिल का शोर समझते थे।।

हाय रहते वो उस सड़क के किनारे थे।
जिन पर हम दिल अपना हारे थे।।
खिल-खिलाकर खूब हंसे थे वो।
जब लोगों ने मजनू कहकर मुझे पत्थर मारे थे।।

अब अरमानों की वो चिता भी ठंडी पड़ गई।
जिस पर कुर्बान होकर मेरी दुनिया उजड़ गई।।
देख तुझे कभी भड़की थी दिल में चिंगारी।
अब तो उस चिंगारी की राख भी झड़ गई।।

तू पिया के घर खुश रहना हम यहां दिल को समझा लेंगे।
तू महफिल सजाते रहना हम गमों से दिल बहला लेंगे।।
ना पीछे मुड़कर देखना ना मेरे बारे में सोचना कभी।
तेरी खुशियों की खातिर हम भी अपने अरमान बली चढ़ा देंगे।।

पगले तू एक गरीब, वो लड़की बड़े घराने की।
छोड़ दे जिद झूठी उसे अपना बनाने की।।
जिसके पीछे रांझा बना वो हीर है गैर की।
टूट जाएगा जो कोशिश करेगा पत्थरों से टकराने की।।

प्यार नहीं ये धोखा है जरा संभल के।
मोड़ थोड़ा ये अनोखा है जरा संभल के।।
जिसे समझा है तुमने मौसम मतवाला।
आंधियों का ये झोंका है जरा संभल के।।

मुझे मिल गई जिन्दगी मेरी मौत पर।
देखो वो आंखों में मोती भर लाए हैं।।
मेरे लिए ये खुशी का दिन है यारों।
मेरी मय्यत पर वो मेरे घर आए हैं।।

तुमने जो मटकाई आंखें वो शरारत ले डूबी।
तुम्हें अपना बनाने की चाहत ले डूबी।।
लोग पूछें नीची नजरें रखने वाले का दिल कैसे खोया।
मैं कैसे बताऊं लोगों को, मुझे मेरी शराफत ले डूबी।।

मेरा ख़्वाब तोड़ के अपना ख़्वाब सजा लिया।
मेरी दुनिया उजाड़ के अपना घर बसा लिया।।
बता क्यों कर गई तू जहान मेरा सूना।
तू मजबूर थी या किसी ने दौलत का लालच दिखा दिया।।

तेरा आंचल आंसुओं से भिगोने को जी करता है।
तेरे गले से लगकर रोने को जी करता है।।
बहुत गुजारी है जाग-जागकर काली रातें।
अब तो तेरी गोद में सोने को जी करता है।।

कयामत तक ना सही कयामत के बाद तो करोगी।
मुझे यकीन है तुम कभी मुझे याद तो करोगी।।
खुदा के दर पर जाओगी हलवा पूरी चढ़ाओगी।
मेरी जिन्दगी की दुआ न सही मरने की फरियाद तो करोगी।।

आखिर इन रस्मों को तो तुम्हें निभाना ही पड़ेगा।
कुछ भी हो मेरी मय्यत पर तो आना ही पड़ेगा।।
डालकर कफ़न सच कर दो आखिरी ख़्वाब मेरा।
दिल रखने के लिए तुम्हें कफ़न तो लाना ही पड़ेगा।।

तुमने वफा की कसमें खाईं वादे भी किए।
मगर क्या पता था झूठा तेरा हर वादा निकलेगा।।
ख़्वाब था तेरे घर सेहरा बांध के आने का।
क्या पता था तेरी गलियों से मेरा जनाजा निकलेगा।।

थाली में नारियल और खुशियों भरी सौगात लाएगा।
वो कितना खुशनसीब होगा जो मांगने तेरा हाथ आएगा।।
तुमसे भी ज्यादा बेचैन हूं मैं ये जानने के लिए।
कि देखें कौन किस्मत वाला तेरे घर बारात लाएगा।।

खून के आंसू पिलाए मुझे प्यार ने।
जाने कैसे-कैसे दिन दिखाए मुझे प्यार ने।।
उसकी नफरत को मोहब्बत में बदलना चाहता था।
मुझे दिन-रात बेचैन किए रखा उसके इन्कार ने।।

शीशे की तरह दिल भी बड़ा नाजुक होता है।
ये टूटता है तो बड़ा ही दुख़ होता है।।
रोता है ये फिर जार-जार होकर।
ये पागल मनाने से भी कब चुप होता है।।

दिल में यार की एक तस्वीर हुआ करती है।
दिल रांझा और रांझे की एक हीर हुआ करती है।।
वो दिल में बैठकर दिल को ही सताए।
हाय दिल की ये कैसी तकदीर हुआ करती है।।

घुट-घुट कर जीता और आहें भरता है।
जिन्हें तेरी जरूरत नहीं क्यों उनके लिए मरता है।।
जब ये समझते हैं दिल को एक खिलौना।
तो क्यों तू दिल इनके नाम करता है।।

जो ना बुलाए उन गलियों में जाना छोड़ दे।
दिल को अपने खून के आंसू पिलाना छोड़ दे।।
सज-संवर के भंवरा बनके आहें बनके।
जहां कली ना खिले उस चमन के चक्कर लगाना छोड़ दे।।

मैं होता रहा शिकार तेरी बेवफाई का।
सहता रहा गम हर पल तेरी जुदाई का।।
तेरे पीछे सबसे नाता टूट गया मेरा।
मैं बन गया हिस्सा एक तन्हाई का।।

मैं तेरे गमों से कभी उभर ना सका।
तुझे भूल कर कभी संवर ना सका।।
मेरे दिल के टुकड़े-टुकड़े हो गए लेकिन।
तेरी यादों के सिवा ये कहीं बिखर ना सका।।

हम पर तेरे सितम होते रहे हैं।
हम तेरी यादों की लाश को ढोते रहे हैं।।
अगर कभी भूल से भी हंसी आई।
हंसते हुए भी हम रोते रहे हैं।।

मोहब्बत की रीत हमेशा उल्टी चलती है।
बस रहती ये तो सदा हाथ मलती है।।
धुएं-धुएं होकर अरमान निकलते हैं सारे।
अरमानों की लाश सीने में जलती है।।

मोहब्बत ने रांझे को फकीर बना दिया।
मोहब्बत ने मजनू को पत्थरों से मरवा दिया।।
मोहब्बत ने सोणी को डुबोकर मारा।
मोहब्बत ने मंसूर को सूली पर चढ़ा दिया।।

मेरे मुकद्दर में जाने कितनी जुदाइयां लिखी हैं।
तेरी बेवफाइयां और साथ में तन्हाइयां लिखी हैं।।
दुश्मन बन गया सारा संसार मेरा।
जाने और भी कितनी रुसवाइयां लिखी हैं।।

आज दूर कर दो तुम हमारा भ्रम।
क्या तुम भी हमको चाहती हो सनम।।
लेकिन कुछ भी कहने से पहले सोच लेना।
तेरी ना सुनकर मर जाएंगे हम।।

जब सीने में कोई आग लगा जाता है।
चढ़ती जवानी में जब कोई टकरा जाता है।।
हर पल याद उसी की आती रहती है।
जब रोम-रोम में कोई समा जाता है।।

मक्खनी चेहरा देख जो धोखे में आ जाए।
उसे फिर बड़ा तड़पाती हैं ये बेवफाएं।।
नजरों से पिलाती हैं ये जहर की प्यालियां।
हाय बड़ी संगदिल होती हैं ये गांव की बालाएं।।

कभी साइकिल पर तो कभी पैदल जाता हूं।
उसकी गलियों में खड़ा-खड़ा धूप में जल जाता हूं।।
अगर पहले चक्कर में नजर ना आए वो।
तो दिल कहे चलो एक चक्कर और लगाता हूं।।

सोचा था दिल चार दिनों में ही सुधर जाएगा।
वो लिफ्ट ना देगी तो मोहब्बत का नशा उतर जाएगा।।
जब प्यार के रोगी को दवा ना मिलेगी तो।
क्या मालूम था ये पगला इस कदर बिगड़ जाएगा।।

वो भोला सा चेहरा ख़्वाबों में आया था।
उसने बना के पागल रातों को जगाया था।।
उसकी चुन्नी में चमक रहे थे सितारे।
हाथ में कंगना माथे पर उसने चांद लगाया था।।

गली-गली में लोग मुझे दीवाना कहते।
मैंने तेरे पीछे लोगों से कितने पत्थर खाए थे।।
काश! तुम ले आते प्यार का मरहम।
लेकिन तुमने भी तो आंखों से नस्तार बरसाए थे।।

सितम ढाते-ढाते तेरा दिल भर सका ना।
तूं भूलकर भी कभी मुझसे वफा कर सका ना।।
तेरे दिए जख़्मों ने घायल तो कर दिया।
मगर तेरी याद में मैं मरके भी मर सका ना।।

अब घड़ी-घड़ी छत पर चढ़के ना देखना।
मेरे लिए इधर-उधर नजरों को ना फैलाना।।
अपना दिल किसी और से लगा लेना।
मेरी याद में मायूस होकर ना बैठना।।

टूट गया जो वो शीशे का जाम था।
मरते-मरते लबों पर तेरा ही नाम था।।
कहता था काश! आखिरी बार दीदार हो जाए।
जिसके पीछे हुआ मैं बदनाम था।।

हम लगाते हैं आईने को सीने से।
आईने में जब उसका मुखड़ा दिखता है।।
रग-रग में छा जाता है जादू।
हमें जब वो चांद का टुकड़ा दिखता है।।

तेरी इन अदाओं में वफा कहां है।
हां नहीं सिर्फ ना ही ना है।।
जब देखती हो तिरछी निगाहों से।
तो तेरे दीवाने की निकलती जां है।।

जरा सी कद्र तुम हमारी भी जानो सनम।
दिल में भरके प्यार बगल से कटारी निकालो सनम।।
कब के खड़े हैं हम राहों में तुम्हारी।
जरा इक नजर हम पर भी तो डालो सनम।।

तुम्हें क्या मालूम जख़्मों से दिल भर गया है।
मार खाकर भी संभला नहीं बिगड़ गया है।।
तुम्हें पाने की तमन्ना में कितनी बार टूटा ये।
तुम्हें पाने के लिए ये कितनी बार उजड़ गया है।।

अरे कर ले हमसे लगन अकेली कहां-कहां जाएगी।
गठबन्धन के बिना सरकार चला नहीं पाएगी।।
अगर रह गई दिल की कुर्सी खाली।
तो कोई और पार्टी आकर इसमें राज चलाएगी।।

तू मेरी वफा तू ही मेरी दिलबर जानी है।
तेरे नाम से मुझे दुनिया जाने तू मेरी निशानी है।।
अब ना-ना करना छोड़ दे बाहों में आ जा।
ये छोटी सी, सिर्फ चार दिनों की जिन्दगानी है।।

जो चला गया तो फिर तेरा दीवाना ना आएगा।
शमा की तरह जलोगी परवाना ना आएगा।।
जो कभी बैठोगे आईने के पास भूल से।
तो तुमसे अपना ही चेहरा पहचाना ना जाएगा।।

एक महफिल में हमने सादगी भरा चेहरा देखा था।
रिश्ता उससे प्यार का बड़ा ही गहरा देखा था।।
मैं एक रात बना था दूल्हा ख़्वाब में।
शायद तभी मैंने सिर पर अपने सेहरा देखा था।।

मोहब्बत उसकी, दिल में फलने-फूलने लगी है।
उसकी यादों में धड़कन, मस्ती में झूलने लगी है।।
बातें उसकी मिसरी हर अंग उसका फूलों सा।
वो बनके रस मेरी सांसों में घुलने लगी है।।

सोच ले हम तेरे प्यार के काबिल नहीं हैं।
सीने में हमारे पत्थर है दिल नहीं है।।
हम खुद अंधेरों में पलने वाले तुम्हें क्या देंगे।
हमारे पास सिर्फ तन्हाई है महफिल नहीं है।।

हमें गलियों में बुलाकर दरवाजे बंद कर लेते हैं वो।
बनाकर दीवाना बदनाम हमें कर देते हैं वो।।
हम मिट जाते हैं जिनके प्यार की खातिर।
फिर भी हमें बेवफा ही कहते हैं वो।।

हमें कभी अंगूठे कभी जूते दिखाना छोड़ दो।
देखकर हमको जवानी के जलवे दिखाना छोड़ दो।।
हम तुम्हारे प्यार में पागल हो गए बहुत।
पागलों को और ज्यादा पागल बनाना छोड़ दो।।

बिना सोचे-समझे हम दिल इनके नाम करते हैं।
इनकी तस्वीरों को भी हम सलाम करते हैं।।
हुस्नवाले अदाएं दिखा-दिखाकर मारते हैं हमको।
ये कातिल कत्ल हमारा खुलेआम करते हैं।।

मुद्दत के बाद आज तुमको पाया है।
शायद होकर मेहरबान खुदा ने मिलाया है।।
देखो ये चांद भी चांदनी के संग।
हमारी जोड़ी को मुबारकबाद देने आया है।।

चाहे दुश्मन दुनिया हमारी सारी हो जाएगी।
चाहे जान से मारे चाहे दीवारों में चिनवाएगी।।
जहर के लड्डू भी खा जाऊंगा तेरा नाम लेकर।
किसी भी हालत में दुनिया हमें जुदा ना कर पाएगी।।

मेरे नन्हें से दिल में लाखों अरमान हैं।
अरमान मिट्टी में मिलाने वाले आप कैसे मेहरबान हैं।।
दिल तोड़ने की आपकी आदत ही सही।
पर हर टुकड़े में आप ही विराजमान हैं।।

तेरी गलियों में फिर कोई दोबारा ना गुजरेगा।
पत्थरों से लड़कर कोई बेचारा ना गुजरेगा।।
यूं तो लाखों होंगे राहों में चलने वाले।
मगर जिसे तुम कह सको अपना, वो तुम्हारा ना गुजरेगा।।

तुम अपने पिया घर चली जाओगी तो कैसे जिया करेंगे।
तेरी यादों में खुश जुदाई में आंसू पिया करेंगे।।
हर जन्म में मेरा दिल तुम्हारे लिए होगा।
तुम्हारे सिवा ना किसी को दिल दिया करेंगे।।

उनकी नफरत से भी दिल लगाए बैठे हैं।
मन ही मन उन्हें अपना बनाए बैठे हैं।।
कभी तो पत्थर पिघलेगा कभी तो समझेंगे प्यार को।
हम यही सोचकर उनसे नजरें मिलाए बैठे हैं।।

वो जख़्म पर जख़्म लगाएंगे क्या पता था।
वो खून के आंसू पिलाएंगे क्या पता था।।
हमने तो बस दिल को उन्हें ही सौंप दिया।
वो दिल से खेलकर चले जाएंगे क्या पता था।।

उनकी जुबां से एक-एक शब्द नस्तर निकला।
दुआएं बहुंत की मैंने पर हर शब्द बेअसर निकला।।
जिनसे की थी हमने उम्मीद मोहब्बत की।
उनके सीने में एक धड़कता हुआ पत्थर निकला।।

शायद चार पल ही साथ गुजारने आया था।
दूसरे शब्दों में कहूं तो बिगाड़ने आया था।।
अब तो वो तूफान भी थम गया।
शायद मेरा ही आशियां उजाड़ने आया था।।

अब क्या डरना दुनिया के इल्जाम से।
कोई क्या रोकेगा जब रुकेंगे नहीं भगवान से।।
अगर मर गए तो भी पुकार कर देख लेना।
तेरे लिए दौड़े चले आएंगे श्मशान से।।

जब से अपनों ने धोखा दिया।
गैरों से शिकायत करनी छोड़ दी।।
बे-रहम मोहब्बत ने इतने जख़्म दिए।
कि हमने मोहब्बत करनी छोड़ दी।।

तुम बदल गए या तुम्हारी चाह बदल गई।
मंजिलें बदल गई या फिर राह बदल गई।।
हमेशा मुझे अपनी आंखों के सामने रखने वाली।
फिर आज क्यों तुम्हारी निगाह बदल गई।।

दूर से निगाह मिलाकर मुस्कराना छोड़ दो।
जुल्फें सीने पर करके बिखराना छोड़ दो।।
दिल की दिल में रखना अच्छी बात नहीं।
जो दिल में है साफ कहो सताना छोड़ दो।।

सोने जैसा दिल, शीशे जैसी जवानी देकर।
क्यों बनाया तुझे भगवान ने।।
तुझे पाने के लिए दुनिया भड़क उठेगी।
क्या ये नहीं सोचा उस नादान ने।।

भरी महफिल में बदनाम हुए तेरे प्यार के कारण।
गली-गली की खाक छानी तेरे दीदार के कारण।।
जिसके लिए बहारें समेटकर लाया जाने कहां-कहां से।
आज हमें कांटें मिले हैं, उसी गुलजार के कारण।।

मेरी मोहब्बत को रख दिया तुमने दफ़ना के।
गैर की डोली चढ़ गई मेरे अरमान मिटा के।।
जब राज तेरी बेवफाई का जानना चाहा हमने।
तो खामोश कर दिया तुमने झूठे आंसू बहा के।।

तुम समाए हो मेरी आंखों में तस्वीर बनकर।
लिखने बैठूं तो आ जाते हो तहरीर बनकर।।
मेरे सिवा तुम्हारे कितने चाहने वाले हैं।
बताओ कितनों को रांझा बनाया, तुमने हीर बनकर।।

हमें शौक है चोट खाकर मुस्कराने का।
उन्हें शौक है जख़्म पर जख़्म लगाने का।।
हम हर जन्म में उन्हें ही चाहें।
उनका मन है आशिकों के रिकॉर्ड बनाने का।।

उन्हें दिल में बसाकर खुदा की तरह उनका नाम रटते हैं।
उनका नाम रटते रहना मेरी रोजाना की तपस्या हो गई।।
मेरी पाक मोहब्बत को वो मोहब्बत मानते ही नहीं।
कहते हैं मेरे लिए खड़ी एक नई समस्या हो गई।।

हम पागल हो गए तेरे प्यार में।
आंखों से बादल बरसे तेरे इन्तजार में।।
हर चेहरे पर रौनक छाई है।
मेरा ही चेहरा मुरझाया है भरी बहार में।।

कल फिर आने के वादे हजार करके।
वो नहीं आते हम रह जाते हैं इन्तजार करके।।
हम उनका चेहरा ताकते रह जाते हैं।
चले जाते हैं वो नजरों से वार करके।।

वो भी किसी के प्यार में रोए चिल्लाएं।
उन्हें भी चैन एक पल न आए।।
इस रोग का दर्द होता है कितना।
काश! उन्हें भी किसी से मोहब्बत हो जाए।।

बिखरा के जुल्फों को बादल बना रही हो।
देखकर जालिम अदा से आंचल सरका रही हो।।
हम तो तुम्हें देखते ही होश खो बैठे।
फिर क्यों पागलों को पागल बना रही हो।।

तेरे लिए जन्नत छोड़कर चले आएंगे।
दुनिया की सारी रस्में तोड़कर चले आएंगे।।
चाहे हमें अंगारों पर भी चलना पड़े।
जब भी बुलाओगी दौड़ कर चले आएंगे।।

नजरें चुराने वाली पहले नजरें लड़ाई ही क्यों थी।
भंवरों को बन के कली नजर आई ही क्यों थीं।।
अब अन्जान बनने का नाटक कर रही हो।
पहले सीने में आग लगाई ही क्यों थी।।

मेरे सीने में एक और कील धंस गई।
कोई पगली देखकर मेरी दीवानगी हंस गई।।
जाल बिछाया था किसी और के लिए।
मगर इसमें चिड़िया कोई और ही फंस गई।।

मुझे कफ़न पहनाने वाले तुम्हें बारात मुबारक हो।
तुमको नए साथी का नया साथ मुबारक हो।।
हम तो लौट चले तेरी दुनिया से।
तुझे जिन्दगी की सबसे हसीन रात मुबारक हो।।

कोई दौलत, कोई तख्तोताज के दीवाने हैं।
कोई ताजमहल, कोई मुमताज के दीवाने हैं।।
शरमा कर मत छुपा चेहरे को पर्दे में।
हम चेहरे के नहीं तेरी आवाज के दीवाने हैं।।

मंजिल ना सही, लंबा सफर तो है।
मेरी गली में उनका घर तो है।।
जाते-जाते एक बार मुड़कर जरूर देखेंगे।
मेरी मोहब्बत में इतना असर तो है।।

मोहब्बत करने की रीत सबसे जुदा है हमारी।
करके कत्ल कहें, [illegible] तो अदा है हमारी।।
फिर भी हमें इनसे कोई शिकायत नहीं।
क्योंकि मोहब्बत ही तो खुदा है हमारी।।

कहीं का नहीं छोड़ा दिल की बीमारी ने।
मेरी जान ले ली उस जान से प्यारी ने।।
दिल को पूरी तरह से फूंक डाला।
मोहब्बत की एक छोटी सी चिंगारी ने।।

दिल्लगी को छोड़ समझ ले मेरे प्यार को।
दुश्मनों की भीड़ में पहचान ले अपने यार को।।
बस एक पल के लिए ही सही मगर आ जा।
आंखें कब से तरस रही हैं तेरे दीदार को।।

कुछ लोग जुगनुओं से भी जिन्दगी कर लेते हैं रोशन।
कुछ अंधेरों में रह जाते हैं सितारों को पाकर।।
किसी को तिनका भी बचाकर ले जाता है।
तो कुछ लोग डूब जाते हैं किनारों पर आकर।।

ना अपने पास दुनिया की कोई जागीर है।
मेरे लिए तो तू ही मुमताज तू ही हीर है।।
पता नहीं क्या होती है दौलत क्या होता है ताजमहल।
हम तो बस तेरी गलियों के ही फकीर हैं।।

आंखें ही तीर, आंखें ही कमान होती हैं।
आंखें ही बात, आंखें ही जुबान होती हैं।।
मोहब्बत में शब्दों का जिक्र आता नहीं कहीं।
मोहब्बत तो आंखों से ही बयान होती है।।

जब होने लगे दिल बेचैन तो हमें बुला लीजिए।
हमीं में खोकर सारे जहां को भुला दीजिए।।
अगर तुम्हें डर लगने लगे इन काली घटाओं से।
तो अपनी काली घटाओं में हमें सुला लीजिए।।

उन्होंने खत में मेरे लिए गुलाब भेजा है।
खत लिखने का एक नया अन्दाज भेजा है।।
जी चाहे झूमकर नाचूं चहकते हुए गाऊं।
उन्होंने पहली बार मेरी मोहब्बत का जवाब भेजा है।।

उनके पीछे लगे रहेंगे जब तक ना वो इकरार करेंगे।
हर हाल में अपने ख्वाबों को हम साकार करेंगे।।
सात जन्मों तक तुमने ना मिलने की कसमें खाई हैं।
कोई बात नहीं हम आठवें जन्म का इन्तजार करेंगे।।

चाहे सड़कों पर घंटों खड़े रहो फिर भी।
ना उस ईद के चांद का दीदार होता है।।
शायद मेरी तरह ही तड़पना पड़ता है उसे।
जब किसी को एक तरफा प्यार होता है।।

हम उनकी गलियों में जाने कितनी बार गए।
अपने दिल का खून बार-बार करने।।
सारे जहां में हमको बदनाम कर गया।
आया था वो दामन को दागदार करने।।

एक प्यारी सी सूरत देखकर डोला दिल।
जिसे प्यार का खुदा समझा निकला वो कातिल।।
मोहब्बत में ऐसा पाठ पढ़ाया उस सितमगर ने।
कि कातिल की बातों में आ गया भोला दिल।।

लोग उन्हें शक की नजरों से देखने लगे हैं।
जब से उनकी नजरों में बेगाने हम हो गए।।
मेरी तरह उन्हें भी दिल से निकालकर फेंक न दे।
ये सोचकर आजकल उनके दीवाने कम हो गए।।

उनके जाने से मेरी पहचान भी चली गई।
चहकती सुबह और रंगीन शाम भी चली गई।।
चलते हुए भी लड़खड़ाने लगते हैं पैर मेरे।
लगता है दिल के साथ जान भी चली गई।।

उनके चेहरे और तरसी निगाहों से लगता है।
जैसे सूनी-सूनी निगाहों से वे कुछ कह गया हो।।
वो बार-बार पीछे मुड़कर देखते हैं इस तरह।
जैसे पीछे उनका कुछ ना कुछ रह गया हो।।

फूल सी मोहब्बत कांटों की शिकार होती है।
आशिक के सिर पर मौत सवार होती है।।
मोहब्बत की मंजिल कैसे पा जाए कोई।
हर दीवाने के आगे सैकड़ों दीवार होती है।।

मेरे दिल में बन के ख़्याल उतर जाती हो तुम।
रातों को सपनों की गलियों से गुजर जाती हो तुम।।
मेरी नजरों में जब से समाया है रूप तुम्हारा।
पहले से और भी ज्यादा निखर जाती हो तुम।।

अब तो दिल की दिल में रहे तो अच्छा है।
सारी उम्र वो मुझसे कुछ ना कहे तो अच्छा है।।
मोहब्बत हुई तो दर्द का एहसास भी होगा उनको।
दुआ करो यारों वो जख़्म मोहब्बत का ना सहे तो अच्छा है।।

तेरी गलियों में हम मोहब्बत की हट्टी खेलेंगे।
प्यार के मीठे आम, जुदाई की खट्टी तोलेंगे।।
अपने दिए जख़्मों को देखना चाहो तो देख लेना।
कल भरी महफिल में हम जख़्मों से पट्टी खोलेंगे।।

तेरे घर के करीब घर बनाने की आरजू लिए चल बसे।
पर जीते जी मिल ना सका हमें मकान तेरी गली में।।
अब तो इतनी सी आरजू है दिल की बाकी है कि तेरे।
हाथ का कफन मिले और मिले श्मशान तेरी गली में।।

दिल के आईने में हम मोहब्बत की किताब रखते हैं।
वो हाथों में कांटें, हम हाथों में गुलाब रखते हैं।।
तुमने बेवफाईयां ज्यादा कीं या मेरी वफाएं भारी पड़ीं।
जब जी चाहे पूछ लेना, हम सारा हिसाब रखते हैं।।

इस दिल पर तेरा ही नाम लिखा लेंगे।
तेरे ही ख्वाब आए यादों में ऐसे बसा लेंगे।।
अगर मिल ना सको तो तस्वीर भेज देना।
हम तेरी तस्वीर से ही काम चला लेंगे।।

एक ना एक दिन तो ये भ्रम टूटना ही था।
आखिर कब तक जीता रहता तेरे नाम के सहारे।।
मय के बिना खाली मयखाने में जिन्दगी कैसे गुजरती।
आखिर वहां कब तक बैठा रहता मैं खाली जाम के सहारे।।

काश! किसी के सीने का दिल मेरे लिए धड़कता।
मगर अफसोस मुझे ऐसा कोई प्यार करने वाला ना मिला।।
मैं निश्चिंत हो जाता जिसे सौंपकर अपना दिल।
मगर अफसोस मुझे ऐसा कोई ऐतबार करने वाला ना मिला।।

ना वो जुल्फों के झटके रहे ना वो चाल में अदा।
अब तो तेरी आंखों की मधुशाला पर भी ताला पड़ गया।।
जब तक मुझे तुमसे मोहब्बत थी तेरे चेहरे पर रौनक थी।
जब से मैंने मोहब्बत छोड़ी तेरा ये रूप भी काला पड़ गया।।

मैं जितनी बार भी गया तेरी गलियों में।
मुझे दरवाजा बंद ही मिला तेरे घर का।।
दिल होता तो पिघल ही जाता कभी ना कभी।
पर सीने में तेरे टुकड़ा था एक पत्थर का।।

एक पत्थर को फिर से खुदा मानकर पूजना चाहता हूं।
तेरी आंखों में एक झलक मोहब्बत की ढूंढ़ना चाहता हूं।।
तुम कहती हो कि नजरिया बदल गया है आज हमारा।
तेरे सीने में कैसे जागे जज्बात मैं ये पूछना चाहता हूं।।

झूठी कस्में खाईं झूठे वादे किए झूठा किया इकरार तुमने।
झूठी अदा दिखाकर झूठे नैन मिलाकर झूठा दिया प्यार तुमने।।
जब कभी तेरा दिल टूटेगा तब मालूम पड़ेगा तुझे।
कि शीशा नहीं शीशे जैसा दिल तोड़ा है बेवफा यार तुमने।।

उनके जितना करीब जाना चाहिए था उतने गए।
हम कौन हैं फिर भी वो ये पहचानते नहीं।।
जिनके पीछे अपनी हस्ती तक मिटा डाली हमने।
वो कहते हैं हम तुम्हें जानते तक नहीं।।

मेरे दिल के जज्बात जब उनके सामने आएंगे।
तब देखना वो जरूर मेरे आंसू थामने आएंगे।।
आज खुदा से जो मेरे लिए मौत मांगते हैं।
देखना एक दिन वो जरूर मेरे लिए दुआ मांगने जाएंगे।।

मैं उनसे मोहब्बत करता हूं उन्हें ये खबर है।
वही मेरी आंखों का नजारा वही मेरी नजर है।।
वो नीची निगाह करके चलते हैं इस तरह।
जैसे जानते हों कि उन पर मेरी नजर है।।

किसने किसको कत्ल किया ये कौन बताएगा।
जब तेरी जुबां और आंखें दोनों ही मौन हैं।।
मुझे मोहब्बत में सजा सुनाकर जाने वाली।
जाते-जाते ये तो बता जा कि गुनाहगार कौन है।।

कभी तुम्हें बेवफा कहा कभी अपनी किस्मत पर रोए जी भर के।
इस तरह से मैंने बदले चुकाए हैं अपनी नादानी के।।
जिसका गम हमें अपनी जान से भी ज्यादा अजीज था।
हम सताए हुए हैं आज उसी दिलवर जानी के।।

हमें देख जब उनकी आंखें फड़कीं तो हमने समझा।
आंखें मटकाई हैं उन्होंने इजहार की सूरत में।।
डरते-डरते पहली बार इशारा किया था हमने।
उन्होंने थप्पड़ दिखा दिया प्यार के मुहुर्त में।।

हम हुस्न वालों को चाहने वालों की कमी नहीं है।
हमें पाने के लिए किस-किस की आंखों में नमी नहीं।।
हमारे दीवाने तो तुम्हें वहां भी मिल जाएंगे।
जहां सिर पर आसमां और पैरों तले जमीं नहीं।।

काश कभी बोल लेते वो गाली के बिना।
आखिर मन्दिर सूना हो ही गया सवाली के बिना।।
अपने दम पर वो कब तक दमकते रहते।
आखिर फूल मुरझा ही गया डाली के बिना।।

वो मेरे आंसुओं की कीमत क्या जाने।
अंफसाने को सच मान बैठे हकीकत क्या जाने।।
उन्होंने हमको बेवफा तो कह दिया।
मगर वो मेरी मजबूरी मेरी मुसीबत क्या जाने।।

मेरे दिल चल उनकी गलियों में शायद दीदार हो जाए।
मिला लेना नजरें उनसे शायद दो से चार हो जाए।।
सुना है पिघलाने से पत्थर भी पिघल जाता है।
देखकर तेरा पागलपन शायद उन्हें भी तुझसे प्यार हो जाए।।

किधर जाऊं ना मंजिल दिखाई देता नहीं रास्ता।
मैं तेरे ख्यालों में डूबकर अपना घर तक भूल बैठा।।
दिन-रात तेरी ही गलियों में खड़ा रहता हूं।
लोग क्या कहेंगे मैं बदनामी का डर तक भूल बैठा।।

मुझे गलियों का फकीर बनाया आपने।
झूठे प्यार का ख़्वाब दिखाया आपने।।
फिर दिल को ही तोड़ दिया।
मेरे जख़्मों पर नमक लगाया आपने।।

जिसे समझ ना सकीं तुम एक अन्जाना ऐसा भी था।
जिसे बनकर शमा जलाती रहीं एक परवाना ऐसा भी था।।
घंटों खड़ा रहता था सड़कों पर तेरे दीदार के लिए।
ससुराल जाकर भूल ना जाना तेरा एक दीवाना ऐसा भी था।।

सोणी तो कच्चे घड़े पर भी तैर आई थी।
मेरी दीवानी नाव से भी चलके ना आई।।
लैला ने तो खाए थे मजनू के हिस्से के पत्थर।
जिसके पीछे हम दीवाने हुए वो घर से भी निकल के ना आई।।

मेरी मोहब्बत को अनदेखा करने वाली याद रखना।
जब तेरा दिल टूटेगा तब तुम्हें मेरी याद आएगी।।
क्यों तोड़ा था मैंने दिल एक दीवाने का।
तब तेरे होठों पर बार-बार यही फरियाद आएगी।

इस मोहब्बत को कोई नाम तो देती जाओ।
होंठों से बोल ना सको तो आंखों से पैगाम तो देती जाओ।।
मुझे गम है मैं तुम्हें कोई निशानी ना दे सका।
कम से कम मेरा आखिरी सलाम तो लेती जाओ।।

•••

तूफान-ए-सागर आपको कैसी लगी अपने प्यार भरे खत लिख भेजिए। आपके सुझावों और आलोचनाओं को भी सहर्ष स्वीकार किया जाएगा।

पता:

जगदीश गोदरा "सागर"

गांव केहरवाला वाया गोरीवाला

तहसील - रानियां, जिला - सिरसा

(हरियाणा)